民話の森叢書6

チョコレートのオマケにみる ベルギーの祭りと暦

アンリ・リブレヒト 著
樋口淳／樋口仁枝 編訳

民話の森

はじめに

樋口 淳・仁枝

本書（*Quelques Traditions et Coutumes de Folklore Belge*）は、ベルギーの作家アンリ・リブレヒト（Henri Liebrecht　1884–1955）が執筆し、一九四八年の一月一日にベルギー・チョコレートの老舗コート・ドールが刊行した厚紙の分厚い書籍ですが、おそらくチョコレートの購入者に配られた非売品ではなかったかと思われます。随所に「お祭りカード」を貼りこむようになっていて、おそらくそのカードもチョコレート購入者へのオマケだったようです。いまでもそのカードのコレクターがいるらしく、ネットオークションに登場します。

『ベルギーのフォークロア』表紙

私たちがこの本と出会ったのは、一九七〇年代初頭のブリュッセルの古本屋さんでした。

私たちはその頃、ブリュッセルから車で一時間くらいのルーヴァン（フラマン語ではルーヴェン）という大学町に住んでいましたが、市庁舎広場（グランプラス）の角にはチョコレート屋さんがあって、友だちの家の食事に招待された時のお礼は、このチョコレートかワインか花束に決まっていました。チョコレートの店は、日本の和菓子屋さんに似ていると思いました。

私たちがこの本の翻訳を試みたのは、もちろん民俗学の研究書としてたいへん優れているからですが、なによりも私たちが四年半、あるいは五年半暮らしたベルギーという国の人々の暮らしを日本の読者に分かりやすく紹介したかったことと、一九七五年の帰国以来なんのお礼もせずに過ごしてきたベルギーの人たち、長期にわたって快く私たちを支えてくれたベルギー政府や大学スタッフのみなさんに、ささやかな感謝の気持ちを表したかったからです。

東京の小さな大学を卒業した私たちは、とにかくフランス語を勉強したいという一心で、一九六九年の春にベルギー政府の給費留学生の試験を受け、なんとか合格して、その年の九月に横浜からバイカル号でナホトカに向かい、ナホトカからハバロフスクまではシベリア鉄道、ハバロフスクからモスクワまでは飛行機（アエロフロート）、そこからまた列車に乗り換えてポーランドと東ドイ

ルーヴァンの市庁舎

ツを通過して着いたブリュッセルの北駅を経て、目的地のルーヴァンに到着しました。

それから二人の留学生活が始まるのですが、その過程でどれほどベルギーの人たちにお世話になったか分かりません。

まず最初に私たちを迎えてくれた大学の事務局長のデュドゥケムさんは、右も左も分からない私たちに秘書のお嬢さんを三日間つけて、買い物の手伝いや家探しのサポートをしてくれました。デュドゥケムさんが紹介してくれたソーシャル・アシスタントのスタッセンさんは、医療費の受け取り方から託児所の紹介まで、いま日本でようやく始まりはじめた外国人に対する手厚いサポートを一手に引き受けてくれました。

ルーヴァン大学図書館

大学で私たちを迎えてくれたプイヤール教授は、なにを言っても理解できない私たちを最初は四年生、次は三年生、ついには二年生に編入することにして、手厚く指導してくださり、四年次の卒業論文には〈オマケ〉の優等と最優等の評価をくださいました。

そして、その報告をかねて挨拶に行った文部省のスタッフは、なんとあと三年の博士課程の奨学金授与を提案してくれました。

怠け者の私たちは、おかげで学期末試験から解放されて自由に子育てに励むことができました。

子育てと言えば、長男の圭介が通ったクレッシュ（保育園）の保育士のカティと、圭介の相手をして遊んでくれた看護士のクレール、長女の夏子を生後一ヵ月半から預かってくれた修道院のシスター、初めての出産と子育てを丁寧に指導してくれた訪問看護士のマダムなど親切な方々と、ほんとうに手厚かった育児環境にも感謝したいと思います。

ほかにどうしても忘れることができないのは、サム（SAM）のカンペンハウト神父です。一緒に碁を打ったり、食事をしたり、楽しくお世話になりました。サムには神父志望の若者たちが共同生活をしていましたが、彼らがフランス語やラテン語の家庭教師をしてくれなかったら、私たちの留学は一年で挫折していたでしょう。

毎年、同学年の学生が半減していく厳しい競争をなんとか切り抜けることができたのも、教室の仲間たちが貸してくれたノートと、シラバスのおかげでした。

仁枝の文通相手でブリュッセルの北駅まで迎えにきてくれたソーニャ、なぜかいつの間にか仲良くなった社会学専攻のミッシェル、フランスのミディ訛りで私たちを辟易《へきえき》させたベルナール、サムに出入りしていた韓国人留学生の南《ナム》基《キ》英《ヨン》と金龍子《キムヨンジャ》など、一生つき合う友だちとも出会うことができました。

ほんとうにベルギーとベルギーの人たち、大学と政府のスタッフのみなさんに感謝しています。

そして最後にこの本の出版を思いつかせてくれたベルギーのチョコレート屋さんへの感謝のしるしに、友人のソーニャが送ってくれた海辺の町オーステンデの町のお店のスナップを紹介したいと思います。

寒い冬の街角のチョコレート屋さん

クリスマス真近のはなやかな店の飾り

目次

III サンブル＝ムーズ地方の兵隊パレード

Ⅳ　受難劇のドゥドゥとの戦い

Ⅴ　人形劇

Ⅵ　巨人たちの国への旅

La Guirlande en Roses de Papier

バラの花飾り

――マミー（おばあさん）、なにを作ってるの？

――バラの花飾りよ。柔らかくて、しっかりした真鍮を茎《くき》にして、色とりどりの絹紙を巻きつけて、紙の縁を切って、花を挟んでつないで、ほら、バラの花飾りのできあがり。籠は、すぐにいっぱいになるわ。

――そんなにたくさんの花飾りをどうするの、マミー？

――明日の日曜日に、ノートルダム教会に飾りにいくのよ。もう四つもできたわ。

――なんて素敵なんでしょう。香りはないけど本物のバラみたい。こんな花飾りで聖堂をいっぱいにするなんて、マミーが思いついたの？

――いいえ、私は子どもの頃から毎年作ってきたのよ。私のお母さんもおばあさんも、私より前からずっと作ってきたの。あなたたちのママも、もうすぐ私の手伝いに来るわ。そして、あと二、三年したら、あなたたちもバラの花飾りで聖堂を飾るために、造花を作るのよ。

――でもマミー、明日は家の前をお祭りの行列が通るでしょ。その中で、私たち三人は小さな天使の服を着て、お祈りの書かれた吹き流しを持って行進するのよ。行列が聖堂に着くまでには、とても時間がかかるわ。

――もちろんよ、このお祭りの行列だって、いま始まったわけじゃないでしょ。ずっとずっと昔、いつ始まったかわからないくらい昔から続いているわ。

昔、むかし、この国を治めていた領主が、エルサレムに詣《もう》でたの。エルサレムには、私たちの主イエズス・キリストの墓があるでしょ。この遠いとおい特別な町から、領主は私たちの町に守護聖人の聖遺物を持ち帰ったのよ。

1938年のハンスウイックの聖母の行進に登場したブルゴーニュ公妃マルグリット

領主が持ち帰った貴重な聖遺物のことを知った時、私たちの遠い祖先の人たちは、歌いながら、「ホザンナ（神を称えよ）」と叫んで領主の前に走りよったの。みんなは領主が貴重な聖遺物を手にして近づいた時、ひざまづいて、その後に従って教会まで歩いて聖遺物をそこにおさめたの。

これは何世紀も前の話だけれど、その時以来、行列は毎年同じ道を辿《たど》って、守護聖人の祝福を祈りながら同じ教会の祭壇に向かうのよ。

——すてきなお話ね、マミー。早く私たちに、バラの造花と花飾りの作り方を教えてちょうだい。だって、私たちはマミーやママのように小さな聖堂を飾りたいんですもの。行列が必ず毎年出発するようにね。

——そうね、素晴らしいわ。昔からの行事や習慣をや

聖ジェルトリュードのパレードの教会参事会婦人たち

めてはいけないわ。私たちの愛するどの町にもどの村にも、こんな風に保存されて、代々伝えられる古くからの仕来《しき》たりがあるの。パパやママやパピー（祖父）やマミー（祖母）のして来たことを、昔の通り伝えて、私たちが代々大切にして来た何かを忘れないようにするのよ。

マリー＝ジャンヌ、あなたがしている遊びは、私があなたのようにとても小さかった時に遊んでいたのと同じ遊びよ。昔、私のママもその遊びを何一つ変えないで私に教えてくれたの。もしもあなたが人形を寝かせる時の歌が、昔の古い歌だと知って大切にしてくれたら、とても嬉しいわ。そうね、もしもあなたの年頃の女の子がもうそれを歌わなくなったら、昔の何かがなくなってしまったというわけだから、とても残念だわ。

――ねえ、マミー、どうして年寄りのお手伝いさんのナネットは古い習慣を守っているの？　マミーはそれを迷信（俗信）だと言っているわよね。ナネットはナイフを二本交差したり、テーブルに塩をこぼしたりするのがいやなのね。カゴにりんごが十三個あるのもいやだし、十三日が金曜日にぶつかる時には何もしたくないのよね。

――それはナネットのお父さんやお母さんや、まわりの年寄りがみんな、そういうことは「悪いことがおこる知らせ」だと信じていたからだと思うわ。

迷信を信じているのはナネットだけじゃないわ。あなたたちのパピー（祖父）のジャンは、けして左足で家の敷居をまたがなかったでしょ。こういうことは、すべて民間伝承（昔からの言い伝え）の宝なのよ。それには「フォークロア」っていう外国由来のすてきな名前があるのよ。

――じゃあ、マミーは私たちの町にも村にも「フォークロア」があると言うのね。でもそれを守るためには、まずそれを知らなくちゃ。

この間パパとママといっしょにトゥルネの町に行った時、小さな家に案内されたの。そこには、古い家具や炊事道具、古いオモチャや人形まで、古いものがたくさんあって、「トゥルネ会館」と呼ばれていて、とてもおもしろかったわ。ほかの町にもまだこんな家があるかしら？

――もちろんよ。あなたが見たのはフォークロアのすてきな博物館よ。リエージュにも、アントワープにも博物館があるわ。ほかにも、あちこちにあるはずよ。なくなってしまうかもしれない昔のものを守って、保存するためにね。昔のものには趣《おもむき》があって、とてもおもしろいのよ。

でもベルギーの町や村には、そういうモノだけじゃなくて、たくさんのお祭りや、にぎやかな行列（パレード）や、楽しいケルメス（移動遊園地）や、守護聖人の祭りなんかがあるのよ。巨人がいる町も多いわ。巨人で軍隊を作れるほどよ。モンスには「ドゥドゥ」がいるし、バンシュに

マルディ・グラの盛装をしたジル

は大きな羽をつけたジルがいるわ。ベルギーのフォークロアには、なんておもしろいものが多いのかしら！

――マミー、マミー、私たちに知ってることをぜんぶ話してくれなきゃいやよ。

――大きな羽飾りをつけたジルのこともね。

――だめだめ、まず巨人の軍隊が先だよ。ぼくは巨人と戦うために小銃を探してくるよ。

――子どもたち！　フォークロアはケンカが嫌いよ。知っていることは、ぜんぶ話してあげるわ。一つひとつの思い出は、この花飾りのバラのようなものよ。思い出を結び合わせて、楽しみましょう。そして思い出の花飾りができあがったら、お祭りの巡行の日にマリアさまに捧げましょう。

　私にあんまりいろんなことを質問しないでね。なぜって、あなたたちにすべてを説明してあげることはできないんだから。私は学者じゃなくて、ただの年寄りのお婆さんなのよ。孫たちが大好きで、昔のことを話してあげたいだけなの。

ベルギー最大の巨人ゴリアテ

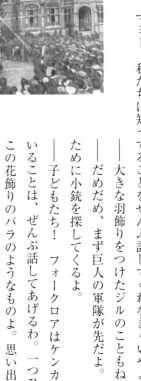

En Suivant la Procession

I　パレードを見に行こう

1 ❦ ブリュージュの聖なる血のパレード

五月になると、ブリュージュ（フラマン語ではブルッへ）の町では、キリストの聖なる血のパレード（le Saint-Sang）があるのよ。パレードがあるのは、五月の二日のあとの最初の月曜日よ。

ブリュージュ：聖なる血のパレード：聖母マリアと幼子キリスト

ブリュージュは、ベルギーでも、一番美しい町の一つね。

――そうね、マミー。いつか一緒に行ったわね。町中に運河が通っていて、みんなで小さな遊覧船に乗ったわね。白鳥が「こんにちは」って挨拶にきて、静かな河岸にはとっても、とっても古い家が続いていたわ。

――ぼくは、高いベフロワ（Beffroi／鐘楼）のあるグランプラス（市庁舎前の広場）を覚えているよ。

――私はベギナージュ（修道院）よ。小さな家々に囲まれた庭つきのね。そこでは、ベギーヌ（修道女）たちが、夕方のお祈りの時間になると影のように行き来していたわ。

――お祭りの時には、大勢の人がやってくるわね。とても遠くのフランドル地方のあちこちから、そしてもっと遠くのワロン地方の町や村から「聖なる血の行進」に参加するために人々がやってくるのよ。
この有名な行進の起源はとても古い時代に遡《さかのぼ》るの。最初の頃は、パレードは教会を一周するだけだったの。それからキリストの聖なる祝福を分かち合うために教区を一つずつ回るようになって、聖なる遺物（キリストの血）と聖母マリアの像を神輿《みこし》に乗せて行進するようになったの。

ブリュージュ：聖なる血のパレード：エジプトに逃れる聖家族

ブリュージュ：聖なる血のパレード：東方の三博士とキリスト

今から八〇〇年くらい前の一一五〇年にフランドルを治めていたティエリ・ダルザス伯爵が、聖地エルサレムに巡礼した時に、救い主キリストの聖遺骨と聖なる血を発見したの。そして、その貴重な聖遺物をフランドルにもたらした。それは救い主イエズス・キリストの数滴の貴重な血だったの。

この聖遺物を守るために、素晴らしい彫刻を施した貴金属で小さなチャペル（礼拝堂）を作ったの。そのチャペルは、教会の「聖な

ブリュージュ：聖なる血のパレード：キリストのエルサレム入城

る血の礼拝堂」に安置されているわ。その礼拝堂では、昔は聖遺物の前で頭を下げて祈りを捧げているティエリ伯爵の姿が見えたのよ。

毎年五月の日曜日になると長い行列が町を練り歩いて、町はお祭りの雰囲気につつまれるの。町の通りや広場は大勢の人でいっぱいになって、時には十万人もの人出であふれかえるわ。

でもそれは、喜びの喧騒ばかりではなくて、悔い改める人々の祈りの行列でもあるのよ。

パレードの道筋には、歌声が響いて、華やかに飾られた山車《だし》がやってくる。罪を犯して、神の与えた楽園を追われたアダムとイヴの昔から、主イエズス・キリストが十字架について、人々の原罪を血をもって贖《あがな》う、その時までの物語が語られるの。

こちらには預言者であり王であるダビデ、そして神に捧げられた血の生贄、こちらにはブリュージュの守護聖人の乙女マリアが白い衣装にベールをつけている。キリスト降架の山車では、死せるキリストを「嘆きの母マリア」が両手に抱いている。

天使に支えられたキリストの墓と、コーラスの子どもたちと松明《たいまつ》、敬虔な信心会の人たちに守られた聖なる血を収めた聖櫃《せいひつ》がやってくると、見物の人たちはみんなひざまづくの。

このパレードの眺《なが》めよりも感動的な光景は、ほかのどこにもないわ。何世紀もの間、変わることなく伝えられたやり方で、お父さんやお母さん、おじいさんやおばあさんたちの〈町に伝わる先祖代々の信仰〉を守っているの。そして偉大な美しいベルギーという国の信仰を伝えているのよ。私たちの祖先は、信仰の力と勇気をもって、素晴らしいカテドラル、立派な市庁舎、堂々としたベフロワ（鐘楼）をはじめ、ブリュージュの町の栄光をつくっているすべてを築いたのよ。

——マミー、パレードはみんな同じ主題につらぬかれているの？

山車や神輿を担ぐ人たちは、聖書の同じ場面をみんなで表そうとしているの？

——そうじゃないのよ。ベルギーのいろんな町が、それぞれ違ったやり方でイエズスさまとマリアさまを賛美しようとしているのよ。

2 フルネの改悛者の行列と受難劇

Les Pénitents à Furnes

この国のいろいろな祭りの中で、一番人目をひくのはきっと七月の最後の日曜日にフルネ（Veurne / Furnes）の町を行進するパレードね。フルネは、フランドル地方のもう一つの美しい町

フルネ：十字架を担う改悛者の行進

で、いつもは静かで、昔の思い出の香りにあふれているけど、改悛者（罪を悔いる人たち）の行列が出る祭りの日には、いつもと違った活気を取り戻すの。

　感動的なのは、主イエズス・キリストの受難劇よ。中世の昔には、町の広場に立派な舞台を作って劇が演じられたの。あらかじめ、キリストの受難のすべての場面の立派な舞台装置が用意されていて、俳優は順番に一つひとつの場面を回ってそれぞれの場面を演じたの。町の人たちはもちろん、近隣の人たちもみんな集まって、この見事な受難劇に参加したのよ。

　劇は何日も続いて、時には一週間のあいだずっと続くことがあったの。たくさんの費用がかかるので、劇を毎年上演するわけにはいかなかったけれど、パレードをするだけでキリスト受難の意味が人々の目と心に生き生きと伝えられたわ。というのは、昔の人たちには、目の前で尊い行いや受難の恐ろしい場面が演じられて、目の当《ま》たりにすることが必要だったのね。そして、受難劇の出し物ほど感動的なものはなかったのよ。

　フルネでは、町中の人たちが、町をあげてパレードに参加するのよ。誰もが自分の役割を果たすの。その役割は、誰もが代々それを持ち続けて、毎年それを繰り返すの。東方から訪れる三人の博士とか、キリストの誕生を祝う羊飼いとか、聖ペテロや十二使徒、聖女やマグダラのマリアとか、大切な役割を演じることに、みんなが誇りをもっているの。「私はポンショ・ピラトで、あなたはヘロデ王、あなたは使徒のユダだ」と言われると、誰もが自信満々で演技をするの。でも、イエズスの役に当たった人は、たいへんな名誉だから、重たい十字架を背負うことも厭《いと》わないのよ。

クルトレ：聖なる髪の行進：ヴェロニカがキリストの汗をぬぐう

あなたたちがもっと大きくなったら、『神の子ども』というとても素敵な本を読んであげるわね。それはカミーユ・ルモニエという有名な作家が書いた本で、イヴォ・マべという貧しい商人の話なの。イヴォはカテドラルのそばの屋台の店で暮らしながら、毎年パレードで信念をもって力強くイエズスの役割を演じていたの。イヴォは、イエズスを演じるうちに自分のなかにイエズスの魂を見出して、聖なるイエズスの教えに従って群衆のなかで説教を始めたの。でも、残念なことに、イヴォはイエズスと同じように、町の人たちの嘲笑と無理解に出会うことになったのよ。

――朝になって、パレードが出発する時になると、パレードで何かの役を演じる人たちが聖ワルビュルガ教会（Sainte-Walburga）の方に急ぐのが見えるわ。

教会には、白い子羊がいるのよ。子羊を囲んだ羊飼いたちは、キリストが生まれたベツレヘムの厩《うまや》に「神の子イエズス」を礼拝しに行くの。教会には、イエズスを乗せてエルサレムに入城するロバがいるわ。

人々は、パレードの行進の順に列を作って、重い舞台を載《の》せた山車が並んでいるの。それから、みんながドラマチックなポーズをして、派手な色の飾りをつけて、たくましい肩に神輿を担いで、山車をひいて進むのよ。

最後に並ぶのは、聖句の書かれた吹き流しを掲げる人たち。キリストの葬儀用の品々、受難にまつわる十字架、槍、いばらの冠、十字架上の七つの言葉、パレードの場面の一つひとつを観衆に伝えるエンブレムが続くの。

その長い行列は、およそ四十ほどの場面を繰り広げて、歌い、祈りながら、ゆっくりと進むのよ。

まず最初にキリストの降臨を告げる預言者たち、そして洗者聖ヨハネと砂漠の隠修士、厩にはマリアとヨゼフ、そして牛とロバがいる。東方の三博士は緑のカフタン（毛皮裏の長袖、丈長《たけなが》の前あき服）を着て、香と乳香を携えた小姓が続く。罪もない子どもたちの虐殺を指示したヘロデ王は、恐ろしい様子をしている。三博士に囲まれたイエズスは、智慧の光に輝いている。やがてイエズスはロバの背に乗って、青いマントを羽織ってエルサレムに入城し、ツゲ木の枝をゆすり「ホザンナ（神を称えよ）」と歌う女子《おんなこ》どもや町の人たちに囲まれている。十二使徒がイエズスに続く。キリストが群衆を祝福し、ドラマの幕が切って落とされる。最後の晩餐《ばんさん》とオリーブの園での祈り、鞭打ちと聖ペテロの否認、いばらの冠と「この人を見よ（Ecce Homo）」。

それから、木やロウで作った人形ではなくて、実際に町の人が演じるキリストが十字架を担って登場するの。ローマの兵士たちに囲まれて、カルワリオの丘を登って行くのよ。そして刑場にたどりつくまでに三度倒れるの。

クルトレ：キリストの足に触れたマグダラのマリアの聖なる髪のパレード

重い十字架の倒れる音が舗石に響いて、兵士が槍の柄《え》でキリストを打ち据《す》えるの。そしてパレードの行列の最後には、キリストの血の汗を拭いたヴェロニカが、神の子の聖なる面差《おもざ》しを写しとった布を手にして従うの。キリストの喉《のど》をうるおす水を含んだスポンジ、わき腹を貫いた槍、手足を穿《うが》った釘、そして兵士がサイコロを振って分けあった衣装がそれに続くわ。

その一つひとつがキリストの受難を表すのよ。遺体が埋葬された聖なる墓の山車と、喪に服した天使たちに

トゥルネ：病に苦しむ人のための聖母の行進

囲まれて、七つの苦しみに耐える聖母の山車、そしてキリスト復活の山車が、長い行列を作るけど、これで終わりではないのよ。

罪を悔い改める善男善女（改悛者）、頭巾や覆面や黒いヴェールで顔をかくした人たち、裸足《はだし》で腰に荒縄を巻きつけ、ロザリオをつまぐりながら祈りを唱えたり、あるいは木の十字架を携える人たち。彼らは歌いながら、祈りを唱えながら、罪びとの衣装を身に着けた亡霊のように通りすぎて行くのよ。この人たちのおかげで、フルネのパレードは「改悛者」の行列と呼ばれるようになったのよ。

フルネのパレードが始まったのは、ずっと昔のことなの。とても強くてお金持ちの、もう一人のフランドル伯爵ロベール二世が、十字軍に参加してコンスタンチノープルで皇帝アレクシス・コムネノス（一〇八一－一一一八）から本当のキリストの十字架の破片を授かったの。

——それじゃあマミー、キリストの血と十字架という二つの聖遺物が、ブリュージュとフルネのプロムナードの始まりなのね。

――そうよ、ベルギーを治めていた領主やお妃は、とても敬虔な人たちだったのよ。たくさんの領主が十字軍に参加したり、聖なるキリストの墓地への巡礼に旅立つ誓いを立てたりしたの。そして、遠くはなれたキリストの故地から貴重で聖なる遺物を持ち帰ったの。

その聖遺物に対する信仰は今も続いていて、私たちの国の各地に立派なパレードを生み出したの。でも、それを全部あなたたちに話すことはできないわ。伝説を信じるなら、フィリップ・ダルザス伯爵が、東方からキリストの足を清めたマグダラのマリアの聖なる髪を持ち帰ったことを記念してクルトレの町のパレードが始まり、その時フィリップが授かったキリストの茨の冠（Saint-Epine）を慕ってウェフェルヘムの町（Wevelgem）のパレードが始まったのよ。

――それじゃあマミー、そういう素晴らしいパレードは、フランドル地方にしかないの？

――いいえ、そうじゃあないのよ。ベルギーには、立派なパレードがいたる所にあるよ。フランドル地方もワロン地方も、心はひとつに結ばれていて、同じ熱くて優しい

ウェフェルヘム：聖なる茨の行進の天使を従えた聖母マリア

オーステンデ：海の祝福の行進。水夫のノートルダム礼拝堂と舟を担う女性たち

ブリュッセル：最後の晩餐のパレードの祭壇とパン

血が流れて、同じ伝統を守って、同じ喜びを分かち合っているのよ。

例えば、あなたたちが時々ヴァカンスを過ごす北の端のオーステンデ（Oostende）の海辺では、司祭さんが海を祝福して、海で生活するすべての人たちが守られるように祈るでしょ。船乗りも、漁師も、危険な海で暮らす人たちには、この祝福と祈りが必要なのよ。この祝福と祈りによって、人々は美しい自然の大きな力と自分たちの信仰を結び合わせることができるのよ。

そして、南の端のアルデンヌの森や深い谷には、昔はおとぎ話の巨人や洞窟の小人が住んでいたけれど、やっぱり同じように素晴らしいお祭りや儀式があって、森に祝福を与えるでしょ。アルデンヌの大きな木ほどおごそかで、私たちの役に立つものはないわ。

考えてもみて、私たちの生活の中に、私たちを守る家がなかったら、家を造る木がなかったら、家を建てる道具がなかったら、暮らしを守る家具がなかったら、身体を暖める火がなかったら、そして森が私たちに与えてくれる安らぎがなかったならどうなるかしら。

——でもマミー、お祭りのパレードは、遠い国からやって来た聖遺物を称えるためにあるんでしょう?

——素晴らしい奇跡から生まれたお祭りもあるのよ。奇跡をおこすのは、たいていマリアさまね。マリアさまの奇跡のゆかりの地と、それにまつわる素敵なお話があるの。

——マミー、話してちょうだい。早く、早く、早く!

——あなたたちは、まったく疲れ知らずね。ほんとに可愛い暴君よ。

3 ハンスウイックの聖母マリア(聖霊降臨祭の二日目)

Notre-Dame d'Hanswyck à Malines

マリアさまの奇跡を祝う町は、あちこちにあるのよ。モンテギュ(Montaigu)がいいかしら、メッヘレンのハンスウイック大聖堂がいいかしら、それともハル(Hal)の森がいいかしら、アルセンベルク(Alsemberg)かしら、まったくどうやって選べるっていうの。

いつの時代にも、マリアさまは、不朽の信仰の跡をのこしているわ。

そうしてとっても古い昔の十世紀に、修道士たちがメッヘレン（マリーヌ）の町にマリアさまの信仰を広めにきて、ハンスウイックに大きな修道院を建てることに決めたの。あなたたちも知っている通り、その頃は荷物を積んでアントワープからルーヴァンやブリュッセルに行く船は、ダイレ川（Dyle）の曲がりくねった流れをさかのぼって、大変な思いをして水の高さが許すだけ遠くまで来て、それから先は荷物を馬車で運んでいたのよ。

ところが九九八年のある日、重い荷物を積んだ船が、少し風があったのと漕ぎ手が努力したおかげでメッヘレンまで来たけれど、そこで動かなくなってしまったの。

メッヘレン：1938年のハンスウイックの聖母の行進に登場したブルゴーニュ公妃マルグリット

船乗りたちは、船が川底の砂に引っかかったと思って、船を軽くするために荷物を少しずつ下《おろ》してみた。でもやっぱり船は動かない。ロープと鎖で船を引っ張ってみたけどビクともしなかったのよ。その時、マリアさまを深く信じていた一人の船乗りが、船にきれいな色で飾られたマリアさまの木の像があることに気がついたの。そのマリア像は、大きさは人の背の高さくらいで、ブリュッセルの修道院に行くはずだったのよ。

その信心深い船乗りは、仲間たちに言ったの。

「私たちの船が動かないのは、荷物の袋や樽の重さのせいじゃないんじゃないか。キール（龍骨）の下には水があって、船はここまで川を上って来たんだ。なにか、私たちの想像を超える大きな意志が、船の前進を妨げているんじゃないか。みんなで心を合わせて祈りながらマリアさまの像を船からおろしてみよう。マリア像を岸に運んで、船が動くかどうか試してみようじゃないか」

1938年のハンスウイックの聖母の行進。かつてのオメガングに登場したお祖父《じい》さん（Grootvadere）の再現

そうしてマリア像を岸におろすと、船は軽くなって、先に進むことができるようになったの。船乗りたちはその時、聖母マリアが、ご自分の像をメッヘレンの修道院に安置することを望まれているのだと分かったのよ。

その時からずっと、ハンスウイックの聖母マリアは、人々の厚い信仰を集めているのよ。このマリア像のおかげで多くの奇跡が起こって、たくさんの人たちがハンスウイックに巡礼するようになったのよ。

とくに聖霊降臨祭の二日目には、マリアさまの像を乗

メッヘレン：1938年のハンスウイックの聖母の行進：騎士キエルケ・ファン・ブーフェルとその妻の神輿

せたパレードがあるの。マリアさまはメッヘレンの町の守護聖人で、町の人々のあいだに不幸や伝染病が訪れた時には、聖ロンバウツ教会（Saint-Rombaut）に運ばれて、試練の時が終わるまで人々の祈りが捧げられたの。その礼拝所は、十六世紀にベルギーを襲った宗教戦争の時に破壊されてしまったけれど、すぐにもっと美しくて広い礼拝堂が造られた。そして、ハンスウイックのノートルダム教会が建設されて、奇跡のマリア像が素晴らしい金襴の衣をつけた姿で安置されることになったのよ。

　メッヘレンの町では、このマリア像を乗せた船が町にやってきたことを記念して、二十五年ごとに盛大なお祝いをするの。

――マミー、素敵なお話ね。このお話のおかげで、聖像がマリアさまご自身によってメッヘレンの町に導かれて、いまでも町の人たちの信仰を集めていることが分かるわ。でも、この聖像のお話のほかにも、そういう尊いお話がたくさんあるんでしょ。

――もちろんよ、ほかにも沢山あるわ。でも、私があなたたちに話したいお話は特別よ！　ベルギーには、どんなにすばらしいフォークロアがあって、あなたたちを楽しませて感動させる話があるかを知らせたいの。

イエズスさまご自身も、ご自分の祀られる聖なる場所を示されることがあるのよ。そういうことは、たくさんの巡礼を引き寄せる教会に起こることなの。

4 ハーケンドーフェルの救い主キリストの行進

Saint-Sauveur à Hakendover

ティーネンの町（Tienen / Tirlemont）の近くのハーケンドーフェルという小さな村での出来事なの。ずうっと遠い昔の六九〇年頃に、尊い血筋の三人の王女さまがいたの。この信仰のあつい三人の乙女は世俗を離れて、主イエズス・キリストを称えるために美しい教会をたてることにしたの。それがこの尊い場所の始まりよ。建設に必要な人たちを雇って、計画を立てて、仕事に取りかかったの。ところが、毎朝、建設の現場に来てみると、前の日にした仕事が壊されてしまっているの。いくら見張りを立てても無駄だった。どうしてそういうことが起こるのか、分からなかった。三人の王女さまが、それを見てどんなに嘆いたか分かるでしょう。

そうしたある日、神さまは鳩の形をした使いを王女たちに送ったの。おかげで王女たちは、自分たちが選んだ土地が、教会にはふさわしくない土地だと気がついた。鳩は飛び立って、別のふ

ヘルローデ（Gelrode）：聖コルネイユの行進。畑道をゆく聖像の神輿。

さわしい場所を示したのよ。

それは、冬の最中の出来事で、あたりは雪につつまれていたのだけれど、たちまち雪がとけて野原が現れた。あたりの木々は葉をつけてはいなかったけれど、教会にふさわしいとされた土地には、緑の草が生えて、小さな花に彩られた草原になっていたのよ。まるで春の装いの中の美しい牧場のようにね！

そして、それだけではなく、花盛りのさんざしの茂みが祭壇の位置を示して、細い赤い絹糸が草の上に教会の建物の正確な図面を描いていたの。

王女さまたちは、これほどはっきりと示された神のご意思に従わなければならないと知って、すぐに十二人の職人を雇い、以前の望ましくないとされた教会が、新しい聖なる教会に影響を与えないように、以前とは違う石を運ばせたの。

教会の建設のために誰もが熱心に働いたけれど、不思議なことに昼の間はいつも十三人の働き手がいたのに、夜の食事の時間には十二人しかいなかったの。給料を払う日になっても、この十三番目の職人は決して給料を受け取りには来なかった。しかし、この十三番目の働き手は一番よく働いたし、決して仕事の手をとめることはなく、仲間に手本を示したり、声をかけたりして励ましていたのよ。

王女さまたちは、主イエスご自身が、こっそりとやってきて教会を建て、その仕事を聖なるものにしたことに気づいて、ひざまづいて神に感謝したの。

そしてこの建築が完成した時、二人の司教さまが、この教会は典礼に基づいて祝福されなければならないと考えて、教会を神に捧げる儀式にとりかかったの。すると、最初の司教が聖水で教会の入り口を清めようとしたとたん、突然失明してしまったの。そして二人目の司教が祭壇を祝福しようとすると、腕を上げたまま動くことができなくなったの。

そこで、三人の王女は主に祈りを捧げ、司教たちの罪が赦されるように願ったの。二人の司教は、この教会が神ご自身のお考えと助けによって建設されたので、天のご加護を願うために改めて司教が介入する必要がないことを忘れていたのね。

いつかハーケンドーフェルに行ったら、教会の祭壇に見事な救い主キリストの祭壇飾り（re-table）の彫刻を見ることができるでしょう。それはベルギーの最も美しい宝ものの一つよ。

――マミー、祭壇飾りってなぁに？

――それはね、祭壇を飾る絵や彫刻のことよ。それは教会の主祭壇の上に置かれていて、キリストの生涯と受難のエピソードを思い出させてくれるの。それはとても立派な作品で、昔のフラン

ハーケンドーフェル：救い主キリストの神輿を担う巡礼たち

ドルの芸術家たちが素晴らしい作品を残したのよ。
ハーケンドーフェルの祭壇飾りは、十三の場面からできていて、三人の王女の教会建設の素晴らしい伝説を物語っているわ。

復活祭の月曜日には、大勢の巡礼が、時にはとても遠くから村にやってくるの。オランダの農婦の白いかぶりものとか、カンピヌ地方（Campine / De Kampen）の農夫の背高帽子とか、ブラバント地方（Brabant）の野菜作りのカスケットなんかが、人々の群れに混じっているの。とにかくいろんな所から巡礼がやってくるのよ。

巡礼たちは、まずグリムデ村（Grimde）のマリアさまの小さな礼拝堂に行くの。そしてそこで聖モール（Saint-Maur）の像にお参りするの。聖モールにお祈りすると頭痛が治るという言い伝えがあって、鉄の冠がいくつも置いてあるの。それを被るとご利益があるのよ。髪の毛やヘアピンで触れてもいいの。

復活祭の月曜日には、ハーケンドーフェルの教会には、たくさんの巡礼や、病人や、物乞いが押し寄せて、教会でお祈りをした後、マリアさまの祈りを唱えながら何度も教会のまわりを回るの。

それから、昔の教会の祭壇の跡に植えられたサンザシの枝をもらって、お守りにするの。サンザシの木は頑丈な鉄柵に囲まれていて近づけないけれど、そうしなければたちまち木はなくなってしまうでしょう。

教会の墓地には、家畜を飼う農夫たちが押しかけて、墓地の土を少しでも手に入れようとするの。この教会の土を牛や馬の餌に混ぜると病気にかからないっていう言い伝えがあるのよ。教会の近くの泉から湧き出る水も、家畜の病気を防ぐご利益があるそうよ。

ハーケンドーフェル：野外ミサに参列するオランダ農婦たち

ハーケンドーフェル：カスケット姿のブラバンド地方の農夫

そして、教会では司祭さんたちが救い主キリストの像を神輿に乗せて、村の畑を回って祝福を与える行列の準備にいそがしいの。

キリスト像は古い木像で、その足や脛《すね》や腿《もも》は穴だらけなの。巡礼たちが、キリストさまの足に祝別されたピンを打ち込んで、そのピンに触ると歯の痛みが治ると信じられているのよ。

そして長い行列が畑の間を通っている間に、普段は畑仕事をしている農馬に遠くからやってきた農夫たち

七年に一度のサン・ニコラの町のパレードに登場した黒い聖母像

が乗って、畑の中を駆け回って春が近づいて芽を伸ばした若い小麦を踏みつぶすの。こうして田舎の俄《にわか》仕立《じた》ての騎兵隊が頑丈な畑仕事の馬に乗って蹄《ひづめ》の音を地面に響き渡らせると、丈夫な小麦が畑いっぱいに育って豊作になるそうよ。

　司祭さんたちが焚く香のかおりにつつまれたキリストさまの像が、麦畑を横切って豊かな実りを約束している間にね。

——マミー、昔からの言い伝えのせいで、こんなにたくさんの人たちが集まるパレードは、もっとほかにも沢山あるの。

——キリスト教信仰のベルギーのフォークロアほど豊かなものはないわ。でも私は学者ではないって言ったでしょう。それなのに、いろんなタイプのお祭りの話をしなけりゃいけないの？

　いつか、フーハルデン（Hoegaarden）の枝の主日（キリストのエルサレム入城を祝う祝日）の素敵なパレードの話をしてあげましょうね。フーハルデンでは子どもたちがツゲの木の小枝を祝別してもらうために教会にいくの。子どもたちはリボンで飾られた棒の先につけたツゲの束を抱えているの。それから子どもたちは、ロバに乗ったキリストの像を囲む十二使徒を迎えに行くでしょう。

それとも、ウェフェルヘムの茨の冠のパレードのお話もいいわね。聖霊降臨の主日の二日目のレオー（Léau / Zoutleeuw）の聖レオナール（Saint-Leonard）のパレードは、どうかしら。訪れた人たちは祭壇に額や絵を奉納すると身体障碍が治るのよ。そこには「イーゼルマネク（Yzermanneke）」と呼ばれる鉄製の小さな像がおかれているの。

リエージュの近くのサン・ニコラ（Saint-Nicolas）の町では、黒いマリアさまの行列があるわ。テラルフェーネ（Teralfene）では、巡礼たちは村のあちこちの小さな礼拝堂のお参りに行くの。でもきょうはもう十分ね。私はバラの造花を作って花飾りを編まなければいけないし、あなたたちはもう寝る時間よ。

Nous irons en Pèlerinage

II　巡礼に出かけてみよう

1 モンテギュのローソクパレード（十一月一日万聖節後の最初の日曜日）

Pélerinage aux Chandelles à Montaigu

――マミー、この間、ローソクのパレードのことを話してくれたよね。

――そうね、それはマリアさまを記念するお祭りのなかでも、一番有名な巡礼の一つだわ。それは、ワロン語ではモンテギュのパレード、フラマン語ではシェルペンホイフェル（Scherpenheuvel）のパレードと呼ばれているの。シェルペンホイフェル村は、ブラバント州のディースト（Diest）とアールスコット（Aarschot）の間にあるのよ。

昔、そこには大きな樫の木の洞《うろ》に小さなマリアさまの像があって、その像を拝むためにたくさんの人がやってきていたのよ。そのマリア像は奇跡をたくさん行ったので、国中のあちこちから巡礼がやってきたの。

ところが、一六〇九年にアルベール大公とイザベルが、樫の木を引き抜いて、素朴な礼拝所のかわりに立派な教会を建てさせたの。

その教会の主祭壇の真ん中には、マリアさまの小さな聖像のために小さな金の玉座がおかれて熱病を癒すというので、遠くから信者たちがやって来たの。昔マリア像を守っていた樫の木は切り倒されてしまったけれど、樫の木を取り巻いていた森では、シェルペンホイフェルの聖母に似せた像がたくさん彫られて、遠くまで運ばれて、外国の巡礼地にも贈られて、巡礼たちがベルギーからきた小さな聖母像に加護を求めるようになったの。

アウデナールデ（Audenarde）の聖ワルビュルゲ教会（Sainte-Walburge）やフランスのラングドック地方のトゥルノン教会で、小さな聖母像が信仰を集めているわ。

そして、一六二九年にブラバント地方でペストが猛威をふるった時、その勢いを恐れた近隣の町や村の人たちが、救い主キリストの母であるマリアさまにとりなしをお願いする行列をするように、シェルペンホイフェル教会の司祭に頼んだの。そして、マリア像を神輿にのせて、人々は敬虔な気持ちをもって教会の周りを歩いて、手にローソクを掲げて光の行列をして、マリアさまに捧げたの。その時から毎年、十一月一日の万聖節の後の最初の日曜日に、大勢の巡礼がシェルペンホイフェルにやってくるようになったの。

昔のパレードは、日が暮れてから夜の十時まで、ローソクの光をたよりにひっそりとしめやかに行われていたのに、今は、午後の明るいうちにパレードが始まるので、昔の趣がなくなってしまったわ。

モンテギュ：ロウソクを手にした巡礼たち

モンテギュ：行進を迎えるロウソクの灯り

それでもパレードに参加する巡礼たちは、必ず火のついたローソクを手に持って、中には一度に何本もローソクを握りしめて、マリアさまに祈るの。このパレードの時には、シェルペンホイフェル村の人たちは、みんなローソク売りになったから、みんなは、村人のことをふざけて「ローソク猫（Keerskatten）」って呼んだのよ。

巡礼は教会を三周しなければならないという決まりがあるの。みんなロザリオの祈り（聖母マリアの祈り）を大きな声で唱えながら歩いて、教会の祭壇に触れようとするの。そして三周目に司祭さんから最後の祝福を受けると、ローソクの火を消して、燃え残りはきちんと保存するの。燃え残ったローソクは、聖母の母アンナか、聖母マリアの像の前に再び灯されることになるのよ。シェルペンホイフェルのノートルダム教会のローソク行列は、最も多くの巡礼を引きつけたパレードの一つで、とても素朴な趣を保っているわ。

モンテギュのローソク市の女性たち

2 ハッセルトのヴィルガ・ジェス（被昇天の祝日の最終日）

ハッセルト：1933年に行われたヴィルガ・ジェスのパレード。聖母と幼子キリストの行進

――でもマミー、シェルペンホイフェルのパレードは毎年やるわけではないのよね。ハッセルトに住んでいる従姉のアネッケが、この前のヴァカンスに遊びに来たけど、「今年は七年前からやっていなかったパレードを見た」と言っていたよ。

――そうよね！「七」という数字には深い意味があるわね。「七」はフォークロアだけでなく、キリスト教でも大切な役割を果たしているわ。アネッケの言うことは正しいわ。アネッケは、一九三三年にハッセルトのヴィルガジェス大聖堂（Virga Jesse Basilica）のとても変わったパレードを見たのよね。そのパレードも確か七年ごとに行われるはずよ。だから、一九四七年の被昇天の祝日の最終日には、リンブルグ（Limboug）の市庁舎前に町中の人が集まってお祭りをするのよ。

難しい本を読んでフォークロアの問題を研究した博学な

人たちの話によると、ハッセルトの町も、大きな森にあった聖母マリアの小さな礼拝堂から生まれたのよ。十四世紀になって、その礼拝堂を守る人たちが集まって信心会を結成して、近隣の教区の信者たちのあいだに信仰を広めたの。

ハッセルト：1933年のヴィルガ・ジェスのパレード。洗者聖ヨハネと幼子キリスト

八月十五日のマリアさまの被昇天祭の最後の日に、フランドル地方からもワロン地方からも、遠いオランダやフランスからも巡礼が集まってパレードをすることになったのは、その時からのことなのよ。

マリアさまの聖像は、あの恐ろしい宗教戦争の間に、何度も壊されそうになったけれども、そのたびに災いを奇跡的にまぬがれたの。たくさんの奇跡があったけれど、これが一番の奇跡ね。

教会のマリアさまの礼拝堂に泥棒が入って、聖像の大切な品や宝石を盗もうとして教会の鉄柵を越えようとした時に、とつぜん身体が動かなくなってしまったの。そこで泥棒は、盗んだ品を教会の中に投げ返したいと思ったけど身動きができなかった。そんなわけで警備の人たちは、泥棒をわけなく警察に引き渡すことができたのよ。

その頃には、マリアさまの奇跡の聖像のパレードは毎年行われていて、信心会の人たちは、エッサイの若枝（Virga Jesse）を象徴する赤い杖を手に持って行進したのよ。でも二〇〇年ほど前から、パレードは七年に一度になってしまったの。

このパレードはハッセルトの町の人たちが、町を華やかに飾るとてもいい機会で、それぞれの祭りごとに、町の各地域からできるだけたくさんのお金を集めたの。貧しい人たちも献金したのよ。祭りの数週間前には、町の通りや家の飾りをどうするかを決める地区集会があったけど、そこで決められたことは祭りの当日まで秘密だったの。隣の地区の人たちが、自分たちが計画しているサプライズに気づかないように、みんなでこっそりと準備して、必要なものを買い集めたのね。とくに広場と通りの植え込みを彩るために、たくさんのもみの木を準備したの。

なかでも面白いのは、そこで演じられた素人芝居よ。教会に押し入って動けなくなった泥棒とか、ハッセルトの森で道に迷ったところを、マリアさまに祈って助かった旅人とか、同じく屋根から滑り落ちてマリアさまに祈って助けられた屋根葺きの話とか、エッサイの若枝にまつわる奇跡の物語を演じたの。

最近では、身の回りの事故から身を守るためにマリアさまに祈る人が多いわ。ワロン地方のカンピヌは炭鉱が多いので、一九三三年には、坑夫の守護者のマリアさまに奉献するグループがいたわ。

ハッセルトの町はこうしてもみの木の緑と、漆喰《しっくい》で作った舞台装置と、マリアさまの生涯を描いた山車であふれるのよ。旗竿や窓辺に飾られた吹き流しや花飾りが通り一面に広がるの。

でも多分一番驚くのは、祭りの間の決められた日に、信心会の人たちが大きな銅のお鍋を持って町を練り歩くことね。お鍋の中にはラードのきいた豆のスープがたっぷり入っているの。マリアさまの礼拝堂の前につくと、信心会のメンバー四人が杓子をもって、町の貧しい人たちにスープを分けてあげるの。これは昔からの慈善の名残りね。そうするとみんなが、このご馳走にあずかろうと駆けつけるの。

お祭りの最後には、名高いハッセルトの巨人ランゲマン（Langeman）がおもむろに登場するのね。でもこの話は、後のお楽しみ。

マリアさまと御子キリストを称えるお祭りが、私たちの国ベルギーで、どれほど生き生きと行われ、その素晴らしい物語が語られてきたかをお話ししましょうね。

お祭りのパレードをすることは、参加する人たちの大きな幸せなのよ。大きな町にも小さな村にもパレードがあって、その町や村の聖なる場所の評判が巡礼たちをひきつけるの。

マリアさまだけではなくて、聖人たちも信仰を集めて、そのお祭りも盛んなのよ。人々の間に伝

ハッセルト：〈ランゲマン〉と呼ばれる巨人ドン・クリストフ

えられた伝説が、信仰を集めるの。たとえばリール（Lierre）の聖ゴメール（Saint-Gommaire）、アンデルレヒト（Anderlecht）の聖ギドン（Guidon）、イーペル（Ieper / Ypres）に祀られている靴屋の守護聖人・聖クレパン（Saint-Crépin）。ひよわな子どもを癒す聖マクルー（Saint-Maclou）はズウェインドレヒト（Zwyndrecht）の聖人でしょ。ほかにもルネ（Renaix / Ronse）には聖エルメス（Saint-Hermès）、レンベーク（Lembecq）には聖ヴェロン（Saint-Véron）がいるし、聖女ロランド（Sainte-Rolande）はジェルピーヌ（Gerpinne）に、聖女ベッグ（Sainte-Begge）はアンデンヌ（Andenne）にいるわ。

　ベルギーの巡礼地を全部数え上げたら、一年間の典礼カレンダーの端から端まで行ってしまうわ。私たちは、聖人たちに敬意を払いながらも、この『黄金伝説』の中から素敵なお話と珍しいお祭りを選ばなくてはね。

3 ❦ アンデルレヒトの聖ギドン祭（聖霊降臨の祭りの月曜日）

Pèlerinage Saint-Guidon, à Anderlecht

とくに私たちは、忠実な動物たちが好きだから、まず聖ギドン（Saint-Guidon）のお話を選んで、この聖人を祀っているブリュッセルに近いアンデルレヒトに行ってみましょうね。

　伝説によれば、聖ギドンは九五〇年頃に生まれたのよ。ギドンの家は貧しい小作農家で、暮らしが苦しいので子どもの頃から、近くの金持ち農家の下働きに出されて、家畜の世話をしていたの。ギドンが牧場に行くと家畜たちはギドンの言葉をよく聞いて、大人しくついてきたの。ギドンの姿を見ると、牛も馬も寄ってきて、頭を差し出して撫でてもらおうとしたのよ。畑を耕す季節には、馬や牛に重い鋤を引かせて、耕作をいそがなければならなかったけれど、ギドンは上手に鋤を使って、動物たちに鞭をふるったり、棘で追い立てたりしなかったわ。

アンデルレヒト：聖ギドンの馬の鋤をひく天使

そうしたある日の夕方、ギドンは年取ったお父さんとお母さんが食べるパンがないんじゃないかと心配になったの。ギドンは、仕事を止めて両親の家にパンを届けたいけれど、それでは主人に申し訳ないんじゃないかと、しばらく迷っていた。でも、もどってから精をだして働けば、きっと遅れは取り戻せると考えて、家畜を木陰において、急いで用を足しに走ったの。

そして帰ってみると、不思議なことに鋤は引かれて、畑の畝がすっかり出来上がっていたのよ。光り輝く人影が一つ、柄を握って軽々と鋤をあやつっていたの。ギドンはそこで、自分が用を足している間、天使が代わりに畑を耕してくれたことが分かって、すぐに神を称えるためにひざまづいて、神に感謝を捧げたの。

それからまた少しして、暑い夏のさかりに、ギドンが草のよく茂った牧場に家畜を連れて行くと、夏の日差しが容赦なく牛と羊の背に注がれて、さえぎるものが何もなかったの。そこでギドンは、手にもった杖を草原に立てて祈りを始めたの。すると突然、杖が伸びて、緑の葉に覆われ、枝を伸ばした大きな樫の木になって、動物たちはみんなその木陰で休むことができたの。こうしてギドンは、自分が神に特別の祝福を授かった者であることに気がついたの。

この時以来、聖ギドンに対する信仰は強まっていったわ。

毎年ブリュッセルの御者たちが、アンデルレヒトに繋駕《けいが》（連結具）をつけた馬を連れてやってきて、聖ギドンを祀る教会の周りを三度まわるのよ。聖霊降臨の祭りの月曜日には、たくさんの巡礼がパレードに参加するためにやってくるの。巡礼の多くは馬に乗り、馬は花や旗で飾られるの。パレードが終わると、教会の入り口の前にあつまった巡礼とその馬に、司祭さんが祝福を授けるのよ。

Les «Marches» Militaires de l'Entre-Sambre-et-Meuse

Ⅲ　サンブル=ムーズ地方の兵隊パレード

1 ❦ 兵隊パレードとは何か?

——今日は、別の地方の巡礼のパレードのお話をしましょうね。

——それは、どこなのマミー?

——サンブル川とムーズ川にはさまれたサンブル＝ムーズ地方（Entre-Sambre-et-Meuse）には、素敵な名前の美しい村がいくつもあって、暮らしの中に民間伝承が生きているのよ。この地方のフォークロアは、ベルギーの中でも、とても興味深いものなの。まず、みんなで昔からつづく兵隊のパレードに行ってみましょう。

——それじゃあ、私たちは兵隊さんごっこをするの。

——そうね、ほんの少しだけね。パレードの儀仗兵をやるのは兵隊さんで、兵隊さんのうつ祝砲は戦争とは関係ないのよ。でも、もしパレードに司祭さんがいなくて、聖遺物を守る人たちがいなければ、聖母マリアや村の守護聖人はお祭りの中心ではないということね。パレードがみんな有名だったわけではないけど、なかには人気のある祭りもあるのよ。

フロレンヌ（Florenne）やビスメレ（Biesmerée）の祭りは、それほど知られていないけど、聖ロック（Saint-Roch）を祀るテュアン（Thuin）や聖エロワ（Saint-Eloi）を祀るシャトレ（Chatelet）の祭りはよく知られているわ。

でもその中でも、私たちがぜひ行ってみなくちゃいけないのは、聖霊降臨の祭りの月曜日に行なわれるジェルピーヌ（Gerpinnes）の聖女ロランドのパレードと、三位一体の祝日の日曜日に行われるヴァルクール（Walcourt）の聖母マリアの祭りのパレードね。そしてフォス（Fosse）の聖フェイアン（Saint-Feuillien）のパレードもあるわ。このパレードはハッセルトのヴィルガ・ジェス（Virga Jesse）の祭りのように七年に一度しか行われないから、次のパレードが一九四九年だということをしっかり覚えておきましょうね。

テュアン：教皇庁のアルジェリア兵の制服をつけ、聖ロックの神輿を担う参列者

この兵隊パレードは、サンブル＝ムーズ地方のほかにもあるわ。ジュメ（Jumet）のマドレーヌ（マグダラのマリア）の「踊るパレード」とハレ（Halle / Hal）の近くのレンベーク（Lembecq）村の聖ヴェロン（Saint-Veron）のパレードを忘れてはいけないわ。

ヴァルクール：聖母の兵士パレード。奉杖兵が工兵の先頭に立つ

でも、あちこちのパレードに全部つきあうのは無理ね。くたくたになってしまうわ。

――でもマミー、どうしてパレードに兵隊さんが参加するの。それから、パレードの兵隊さんは、どうして本当の兵隊さんじゃないの。

――それはね、こういうパレードは、ずっとずっと昔に始まったって、みんなが信じているからよ。ヴァルクールやフォスでは、大むかしはローマの兵隊たちがマリアさまや聖遺物を守っていたという言い伝えがあるの。

暗黒時代の中世には、街道も危なくて、あちこちに悪者がひそんでいたから、パレードの時にも聖なる山車や神輿の護衛が必要だったの。いまではそんな心配はないけど、村の守護聖人を大切にするために、その名残《なご》りを残してパレードに彩りをそえることにしたのよ。

兵隊のパレードをやめようとしたこともあったけど、村の人たちが深い愛着をもっていたので、そのまま続けられたの。パレードが、一度は廃止されたけど復活したこともあるわ。パレードの兵隊は、もちろん本当の兵隊ではないから、兵隊を演じることに誇りを感じる人もいたの。大人も子どもも、立派な制服を着て鉄砲をもって、戦争ごっこをすることが好きなのよ。ねえ、ジャン＝クロード、あなたもそう思うでしょ。

――そうだよ、その通りだよ。でもマミー、その兵隊さんたちの中には、楽隊もいるの。

――もちろんよ。パレードは、素晴らしい鼓笛隊が先導するのよ。兵隊さんの軍服には、いろんな時代のものがあって、手にした武器にもいろいろあるの。

フランスの護衛隊や、革命時代の歩兵隊、王妃の竜騎兵と擲弾兵《てきだんへい》、アルジェリア歩兵とエジプト騎兵、羽根飾りの毛皮帽をかぶった工兵とかいろいろなの。

ヴァルクール：聖母の兵士パレードの奉杖兵

みんなが白い前飾りをつけているけど、昔は皮でできていたのよ。ヴァルクールのパレードの工兵は、女性の前掛けをつけているけど、とても立派で、ちっともおかしくないわ。

なかには、一八三〇年の革命の時の愛国者みたいな青いコートを着て、カバンを襷掛《たすきが》けにして、小さな帽子をかぶった人も行進しているわ。でも一番人気があるのはベルギーの軍隊の昔の制服ね。槍騎兵《そうきへい》、偵察兵《ていさつへい》、擲弾兵《てきだんへい》のように、隊列の中で一番目立つ兵士の制服よ。

この幸運な兵士たちは、話によると、守護聖人祭の数週間前に補充されるそうよ。それは大切な重要事項で、補充は昔からの決まりに従って行われるの。

フルネ（Furnes）の悔悛者のパレードの受難劇では、なにかの役を演じると決められたら、一生その役を演じ続けるって決まりがあるのは知っているわね。兵隊のパレードでも、だいたいそれと同じ決まりがあるの。

それぞれの兵隊には決まった役割があるし、士官や下士官にも等級があるから、それぞれ入札されて売上金がパレードの資金になるの。年ごとに決められた日曜日に「若者たち」は決まったカフェに集まって入札をするの。カフェのギャルソンが、大きなお盆にパレードの役割と同じ数のビールを運んでくると、審査役が方言でこう告げるの。

「これからパレードの〈旗手〉、〈太鼓の先導〉、〈隊長〉を決める」

そして審査役は「先代に栄光あれ！」と付け加える。それは、「前の年にその地位を持ち任務を果たしていた人は、今年の権利を持っている」という意味で、もしその人が立候補してもう一度その役を買い戻すなら，誰も彼と争えないし、値段を吊《つ》り上げることもできないという決まりよ。

入札で役を手に入れた人はお盆に近寄って、グラスのビールを飲みほすと地面にグラスをたたきつけて打ち砕く。それは「グラス割り」と呼ばれる儀式で、その時から彼は約束を守ってすべての集会に参加してパレードの稽古と予行演習に参加するの。とくにパレードの当日には、信心会（compagnie）の名誉のために、祭りの参加者としての義務を果たすために、忠実に約束を守るの。

パレードの秩序を守って仲間と一緒に行進すること。それぞれのグループは、一体となって整然と行進しながら、しかも個性を発揮しなければならないの。パレードには、とても特殊なリズミカルな音楽が決められていて、それはずっと古い時代に始まったことなのよ。

パレードの日がやってくると、みんな朝から服装を整えて、教会の大きなポーチの前に整列して連隊になるの。ビエムレ（Biesmeree）、ドーソワ（Daussois）、イヴ＝ゴムゼ（Yves Gomezée）などの近隣の村からも連隊がやってきて、一緒にパレードするの。天気はいいし、観衆もたくさん集まって、素晴らしい祭りになるわ。

2 ジェルピーヌの聖ロランドのパレード（聖霊降臨の祭りの月曜日）

――もしも、サンブル＝ムーズ地方の祭りから一つだけ選びなさいって言われたら、日曜日からジェルピーヌの町に行くのがいいわね。ジェルピーヌの聖女ロランド（Sainte-Rolende）のパレードは、一番はなやかで伝統的な特色を保っているのよ。

ジェルピーヌ：聖女ロランドの聖櫃

日曜日から村に入るのがいいというのは、その日の午後三時頃に、祭りが最高潮を迎えると、鼓笛隊のリーダーが教会の司祭さんのところに杖を取りに行くの。代々伝わるその杖は、聖女ロランドの宝物なのよ。

一時間ほどすると、リーダーは鼓笛隊員を集めて、その太鼓の響きを合図に、パレードのメンバー全員が武器をもって市庁舎前に集まる。兵隊たちは、指揮官の指示にしたがって整列して命令を待つの。指揮官は、「われわれは聖女ロランドと神の大いなる栄光を称えて、祝砲を捧げよう。その響きが、すべての悪とすべての災難から私たちを守りますように。撃て！」

その一撃は、すさまじい轟音と黒煙を放つの。兵隊たちが身につけているのは、昔ながらの古式ゆかしい銃で、砲身に棒をさして火薬を充填するから、きっと雀を撃つのには役にたつわね。

そして夜の十時頃になると、笛と太鼓が兵隊たちを村に退却させるの。兵隊たちも、二、三時間は眠らなくてはね。でも、「あちこち歩く」巡礼たちは、好奇心の赴くままに、勝手に夜を過ごしたいと考えているの。朝の一時頃には、再びジェルピーヌの家々のすべての窓に明かりがともるわ。そして町の人はみんな、明るく照らされて旗で飾られた教会に向かうの。

教会には聖女ロランドの聖遺物が飾られているのよ。みんなは敬虔な祈りを捧げながら、聖遺物に近づいて触れるの。なかには病に苦しむひとの衣類で聖遺物に触れる人もいるわ。持ち帰って、病人に着せるためにね。

三時になると教会でミサが始まるの。ミサの合間に聖女ロランドの伝説を振り返ってみましょうね。公式の聖者伝より面白いわよ。

ロランドは、シャルルマーニュ（カール大帝）と同じ時代のディディエというガリアの王さまの娘だったらしいの。シャルルマーニュは、美しく聡明で敬虔な若い王女ロランドと結婚したけど、すぐに彼女を離縁したらしいの。

ロランドは、ロッブ（Lobbes）の修道院に身を寄せることにして、母親と出発したの。ところが、しかし、ヴィレル＝ポトリ（Villers-Poterie）の村で病に倒れて、まもなく亡くなってしまっ

ジェルピーヌ：聖女ロランド祭の少年参列者

ジェルピーヌ：聖女ロランド祭の子どもの参列者

たので、その遺体はジェルピーヌの教会に運ばれて立派な聖遺物箱に納められたの。

聖女ロランドに対する信仰は、聖オジェ（Saint-Oger）信仰に似ているわね。聖オジェは、ジェルピーヌの近くのアンジヌ（Hanzinne）で崇拝されていて、聖オジェを称えるために、聖女ロランドの祭りと同じ日にパレードが行われるのよ。

聖女ロランドのミサが終わるとすぐに、ヴィレル＝ポトリの兵隊たちの太鼓の音が響きわたるわ。聖女ロランドは、昔ヴィレル＝ポトリ村で死んだんだから、彼らだけがジェルピーヌの教会から聖女の聖遺物を運び出す権利があるの。そのために、「クリック」と呼ばれるヴィレル＝ポトリの鼓笛隊の二人が教会の入り口の前に並ぶと、ジェルピーヌの鼓笛隊長が二人に指揮棒を手渡すの。すると鼓笛隊が「リゴドン」というリズムを打ち鳴らし、パレード開始の合図をするの。

信者たちが担ぐ重い聖遺物の神輿の先頭に指揮官が立ち、行進が始まって、パレードは夕方まで村から村へと移動するの。パレードがグランプラス（大広場）を通る時には、射撃手が祝砲を撃ち鳴らすけど、誰一人おどろく者はいないわ。こんな大騒ぎの中で、眠っている人なんていやしないのよ。イミエ村（Hymiée）に向かう街道につくと、指揮棒はジェルピーヌの鼓笛隊に渡されて、太鼓と笛が美しいリズムを奏でるの。そして長い行列が野原を越えて進む頃には、お日さまが上るわ。

おどろいたことに、このパレードの最年長者のジュリアン・ヘンスバルさんは、私が会った時には、なんと九十三才で、この聖女ロランドの行進に八十年前から毎年参加していたのよ。ヘンスバルさんは、パレードに参加した一番小さな男の子の手をひいていたけれど、その子は腰にサーベルをつけて、羽飾りをつけた帽子をかぶって、とても得意そうだったわ。

パレードの通る村には、それぞれ休憩所が用意されていて、聖遺物の御神輿はそこに安置されてミサを捧げ、参加者は一息つくの。

パレードがアンジヌに着くと、聖オジェ（Saint-Oger）聖遺物の神輿に出会うの。二つの聖遺物のお神輿が聖オジェの礼拝所に納められ、聖オジェの神輿に従った若者たちと聖女ロランドに従った若い娘たちが出会うの。

この出会いは、シャルルマーニュとの戦いに加わった騎士オジェが追放されて、アンジヌに修道院を建てて、そこからしばしば聖女ロランドの墓を訪れて祈りを捧げたことに由来するのよ。おかげで、二つの聖人崇拝が交わって、二つのパレードの出会いがフォークロアとして伝えられたのね。

そのほかの村々でも、地域の信心会（講）の人たちがパレードに加わったり、ジェルピーヌの人たちに代わったりしたの。

ヴィレル＝ポトリ（Villers-Poterie）では、お昼頃、すべての信心会の人たちが、広々とした牧草地に集るの。そうして言い伝えられた通りの順序を何一つ変えることなく、それぞれの信心会の射撃手が祝砲を放ち、回転花火を上げるの。「将軍」を演じる人たちは、鬣《たてがみ》と尻尾を色とりどりのリボンで飾った大きな労働馬に乗って指揮をするのよ。その眺めは見事で、喧騒は耳をつんざくほどよ。

夕方の六時頃になると、大パレードに参加したすべてのグループが、思いおもいの順番でジェルピーヌに戻るために集合するの。

そうそう、忘れていたわ。それぞれの信心会のグループに飲み物係の女性が付き添っているのよ。飲み物係の女性は、いそがしいのよ。そして彼女は、最後にもう一度、太陽と叫び声とホコリと火薬のおかげで喉の乾いた男たちに飲み物を与えるの。

それは本物の野営で、老いも若きも隣り合うの。騎兵は、重いものを運ぶのになれた馬を、巧みに速歩で移動する。野道を抜けて、聖女ロランドの聖遺物を大切に担ってきた敬虔なパレードがすべて姿をあらわし、祝砲とともに出発する。トゥルネの司教と司祭たちがジェルピーヌの入り口で待ちうける。パレードの最後を飾る行列に、参加者が整列して直立すると、帽子の羽飾りが揺れて、音楽が高鳴って、太鼓は激しく鳴り響くの。聖女ロランドの行進が通るのを見物する観衆が取り巻いて、パレードの到着は出発の時より感動的になるのよ。巡礼たちはパレードに従って行進をし、順番に聖女の聖遺物の神輿《みこし》を担い、なかには十五時間も休まずに歩き続けてきた人もいるのよ。聖女ロランドを称《たた》えて一斉に礼砲が放たれると、聖遺物の神輿は教会に戻り、次の年にならないともう外に出ることはないのよ。

3 ヴァルクールの聖母マリアのパレード

Notre-Dame à Walcourt

（三位一体の祝日・聖霊降臨後の日曜日：復活祭後第八日曜日）

――パレードってほんとにおもしろいね、マミー。みんなで一緒にパレードに行ってみようよ。ぼくにも、兵隊さんのすてきな衣装を買ってね！　そしたら、小銃を持っていくよ。

――でもジャン＝クロード、あなたはパレードのことしか考えてないけど、パレードに参列するためには、まず告解をして、聖女ロランドやヴァルクールのマリアさまを称える謙遜な気持ちを持たなければいけないのよ。

――ヴァルクールの町にも、兵隊さんの制服をつけたパレードはあるの？

――あるわよ。ヴァルクールのパレードは華やかで、たくさんの巡礼をひきつけるわ。

町の美しい教会には、二つのマリア像があって、一つは聖マテルヌス（Saint-Materne）の手で樫の幹に彫られた後に、ヴァルクール教会に運ばれたと伝えられているの。その体は、スペインのトレドやセヴィリアの聖マリアのようにプリーツのあるドレスをつけて、銀の涙でおおわれているのよ。このマリアさまは、奇跡をたくさん起こしたけれど、一つだけ話してあげるわね。

ヴァルクール：祈りながらキリストの身体に触れる巡礼たち

何世紀も前のある日のこと、教会に火事がおこったの。それは悪魔の仕業だと思われたけど、鐘楼はたちまち大きな松明のように燃え上がったの。ヴァルクールの町の人々は為すすべもなく、ただ天の神さまに祈ったの。するとその時、教会の上から一羽のハトが飛び立って、まもなく天使たちがマリア像を運び去るのが見えたの。

町の人たちの信仰心のおかげで、教会が建てなおされたとき、あのマリア像の前で再び祈ることができないことを、みんなとても残念に思ったの。

ところが、ティエリー・ド・ロシュフォール伯爵がたまたまこの場所の近くを通りかかった時、馬が突然止まって動かなくなってしまったの。伯爵は馬を進めようとしたけど、どうにもならない。まるで不思議な力が馬を押しとどめているようだった。そこで伯爵は馬から降りて、マリアさまに馬が動くように真心をこめて祈ったの。それから伯爵は馬の手綱を取ったけど、馬は少しも動かない。そこで、伯爵はもう一度ひざまづいてマリアさまに祈り、もしも先に進むことができたら、そこに修道院を建てると約束したの。

そして、伯爵が立ち上がると、あの樫の木で彫った聖なるマリア像が、彼の腕の中に落ちてきた。そこで伯爵は、歓喜につつまれた人々とともにマリア像を教会に運び、ほどなくヴァルクールの修道院を建立したということよ。

この奇跡を記念して、毎年その日にマリアさまを称えるパレードをすることになったの。巡礼の参列者は東方の三博士の礼拝堂で神に祈りを捧げてから、「修道院の小庭」と名づけられた場所に集まるの。そして、その庭でマリア像発見の奇跡を記念する一幕が演じられるのよ。

ロシュフォール伯爵の行列が庭に入ってくると、一本の木が植樹され、伯爵はその木の前にひざまづいて祈り始める。すると、聖母マリアの小さな像がリボンの端に結ばれて、伯爵のもとに下りてきて、彼はそれを両手で受け取る。すると、すぐに巡礼が木に向かって駆けよって木の枝をとって、一人ひとりが枝の切れ端を持ち帰ることができるようにみんなで分けるのよ。

4 フォスの聖フェイアン祭 *Saint-Feuillien à Fosse*

ジェルピーヌには、立派な擲弾兵や、食堂のおかみさんや、白い前垂れをつけた工兵がいたけれど、ヴァルクールのパレードで、一番大勢の兵隊が集まるのはフォス（Fosse）なのよ。

このパレードが七年に一度しか行われないというのは、無理もないことね。七という数字が

フォス：七年に一度のパレードに登場した聖フェイアンの神輿

フォークロアや伝説の中で、どんなに大切かは話したわね。フォスに祀られている聖フェイアン（Saint-Feuillien）の話を聞けば、なぜそのパレードが七年に一度しか行われないかが分かるわ。

この聖人は、昔アイルランドに福音を伝えにでかけて、聖遺物を手に入れたんだけど、それが異教徒の王の手に落ちるのではないかと恐れてアイルランドから逃げたのね。その時、ニヴェル（Nivelles）の町の女子修道院の院長だった聖女ジェルトリュード（Sainte-Gertrude）が、聖人として知られていたフェイアンを招くために、彼女が所有していたフォスの荘園を提供したの。

聖フェイアンはそこに修道院を建てて司教区の司教になったのよ。

ある日、聖フェイアンは、司教の務めをはたすために司教区を巡回していた時に、悪者たちに誘拐されて死に瀕したの。聖女ジェルトリュードは彼の行方を探して、瀕死の聖フェイアンを見つけて牛車に乗せたけど、彼はフォスに埋葬されたいと言い残して牛車の上で死んでしまったの。そして、牛車がサンブル川のまで来たとき奇跡が起きて、川の水が引いて牛車は聖フェイアンの遺体をぬらすことなく無事に渡ることができたの。

そういうわけで、フォスのパレードは七年ごとに華やかに行われることになったのよ。近隣の町や村の二十五組の兵隊たちが祭りを祝うために集まるの。立派な制服姿で、いろいろな時代のいろいろな武具をつけて、勇壮なリズムに合わせて行進するのよ。そして、そこに二千人もの巡礼が加わるの。聖フェイアンのパレードを、みんながどれほど待ち望んでいるかわかるでしょう。

もちろん祭りは、パレードの日をはさんで何日も続くわ。制服をつけて、行進する楽しみ、集団で隊列を作って聖遺物を囲んで守護する楽しみ、隊列を作って祝砲を放つ楽しみをできるだけ長く味わわなければいけないからね。

フォス：聖フェイアンのパレードの擲弾兵

フォス：聖フェイアンのパレードのアルジェリア兵

5 ❦ ルネの「フィルテル」（三位一体の祝日の日曜日）

　──兵隊さんのパレードは素晴らしいでしょ、ジャン゠クロード。でもヴァルクールとフォスのパレードはジェルピーヌの聖女ロランドのパレードに似ているわね。私たちの国には、兵隊の行進が見事なパレードは、まだあちこちにあるわ。

サンブル＝ムーズ地方のパレードも有名だけど、ヴィゼ（Visé）やフォワ＝ノートルダム（Foy-Notre-Dame）のパレードも七年ごとに行われるわ。とても楽しいジュメのダンス・パレードやブラバント地方のレンベークの聖ヴェロン（Sint-Veron）のパレードもよく知られているわね。東フランドル州のルネの町の聖エルメス（Saint-Hermes）を称えて行われるフィルテルの祭りも面白いわ。

聖エルメスは、悪魔につかれたり狂気に陥った人を癒す聖人なのよ。聖エルメスの祭壇の前にはがっしりとした樫の木の壁があって聖エルメスの像をおさめた壁龕《へきがん》があるの。そこに悪魔につかれた人を連れてきて、聖人のご加護を祈って、悪魔祓いをするのよ。町の人たちも「ルネの狂人」（Ronse zotten / Fous de Renaix）と呼ばれることを嫌がりはしないの。聖エルメスを祀るおかげで、そんな風に呼ばれても、町には年に二回、巡礼たちが押しかけるんですからね。

とくに三位一体の祝日の日曜日には、聖エルメスに仕えるために巡礼がやってきて聖遺物を称えるの。聖遺物は、美しい聖櫃に納められているけど、宗教戦争や聖像破壊やフランス革命の時

ルネ：パレード前夜に担われる聖エルメスの聖櫃の神輿

には、何度も隠されたのよ。祭りの日がくると、司祭たちが朝早くから騎士のミサ（Riddermis）という荘厳なミサを上げるの。パレードが出発する時には、町の消防隊と信心会の人たちと音楽隊と旗手が先頭に立つの。その後に緑のチュニックを着て赤い円錐形の帽子をかぶった各地の聖エルメス信心会（講）の人たちが続くの。聖櫃が、吹奏楽団と靴屋のギルドの人たちに担われて進む。聖櫃の周りには灰色の衣服をまとった少女の孤児が、首にハンカチを結んで、髪を乱して進む。孤児たちは、聖エルメスによって癒される狂女に扮しているの。つきそい役の騎兵が、大勢その後に続く。そして、その後にはサン＝ソヴァール（Saint-Sauveur）と、ロボルスト（Rooborst）の教区から来た人たちが続くの。それは、この二つの町の祖先が、ある日、勇敢に盗賊と戦って聖遺物を守ったという言い伝えがあるからよ。その後には、すべての巡礼がやってきて、なにか願いをかけたり、病人の回復を祈ったりして行進したの。

昔は、聖エルメスのパレードは、祭りの前夜に始められたのよ。聖遺物が教会の中で展示されて、お祈りをささげた後、行列に参列するすべての人たちが少額の献金をしたの。司祭は二サンチーム、助祭参列者と侍者は一サンチームを受け取っただけなのよ。それは、「可哀そうな子の代金（Mostaardoordjen）」と呼ばれていて、この額の少なさが、この習慣がずっと昔から続いていることの証拠よ。というのは、二サンチームでは小さな辛子のツボさえ手に入らないというのは、ずいぶん前からのことですものね。

ルネ：聖エルメスのパレードに登場する〈工兵〉

その頃は、町の役人が町の名士たちとともに聖遺物をパレードに参列させる許可を司祭に頼みに行かなければならなかったし、彼らの富や地位にかけて、聖遺物を引き受けた時と同じようにして、教会に返すことをおごそかに誓わなければならなかった。その誓いと、町の富と聖エルメスへの深い信仰のおかげで、パレードの認可が与えられたの。

大行進を約束した人々は、七里（約三〇キロ）の道を歩くために、衣服の上に粗い布地のシャツを羽織って夕方出発し、途中畑のなかに点在する小さな礼拝堂で立ち止まって祈りを捧げるの。

荘厳な行列の中で、聖エルメスは古代ローマの騎士のように見えたのよ。だって、聖エルメスは殉教したけれど、悪魔にとりつかれた人たちを癒す力をはっきり示すために悪魔を鎖につないだのよ。

パレードの休憩所には、それぞれ決められた約束があるの。たとえばパレードがルネとヴァトリポン（Wattripont）の境界に着くと、一方の町の役人が見事なケーキを提供し、ケーキの上には、友情の印として、砂糖で「互いに結びあった腕」が描かれているの。この挨拶に対して、もう一つの町の役人が、名誉のワインを差し出して挨拶を返すの。少したってみんながヴァドモン（Wademont）の農場に着くと、この農場は聖エルメスの農場と呼ばれて、聖別されたタルトとビールが農場から提供されるの。それは聖櫃をルネに持ち帰る前の最後の軽食よ。

そしてルネに着くと、「聖櫃が帰ってきた！」（De Firtel Komt / La Chasse revient）という声で迎えられるのよ。

6　レンベークの聖ヴェロンのパレード　*Saint-Véron à Lembecq*

――畑道を歩くパレードに参列するのには体力がいるわ。何時間も聖櫃につきそうことになることもあるのよ。復活祭の月曜日のレンベークのパレードには騎馬隊が登場するの。戦前の偵察兵

レンベーク：聖ヴェロンの行進。兵士は、昔のベルギーの軍服をつけている

や槍騎兵の派手な制服を着てブラバンソンの見事な馬に騎乗して、聖ヴェロンを称えて軽々と跳ねまわるのよ。

この地方では、聖ヴェロン（Saint-Véron）はとても崇敬されていのよ。聖ヴェロンは熱病を癒すと信じられていたから、それを信ずる人たちのために、聖櫃をクラベーク（Clabecq）やテュビーズ（Tubize）まで担いでいかなければならないの。聖ヴェロンの聖櫃を守る騎馬隊はとても強そうで、それぞれの教区では、司祭が聖櫃の担い手に歓迎のワインを持って出迎えるのよ。

7 ジュメの踊るパレード

Marche dansante de la Madeleine à Jumet

——レンベークのパレードは騎馬隊だけど、ジュメのパレードでは、参列する人たちが踊るのよ。

ジュメには、マグダラのマリア（Marie-Madeleine）を称えるパレードがあって、このパレードには他にはない面白いエピソードがあるの。パレードは、エーニュ（Heigne）という古い集落のロマネスク教会から出発して、五世紀まえから変わらない道をルー（Roux）とゴスリ（Gosselies）に向かって進むの。聖母マリアとマグダラのマリアの聖像を守護する一行は、サンブル＝ムーズ地方から来るんじゃなくて、レンベークのパレードと同じように、戦前のベルギーの軍隊の制服をつけた兵隊が歓迎されるのよ。昔のアルジェリア人部隊や、エジプト兵の制服，水兵やメキシコ兵とか色とりどりなの。それに、シャルルロワ（Charleroi）のジュメ＝ブリュロット（Jumet-Brulott）から来るアラブの騎兵も忘れることはできないわ。

この兵隊さんや司祭さんや巡礼たちの徒歩や馬車の長い行列がティメオン（Thiméon）の村に差しかかると、みんなが踊り出すのよ。ポルカやリゴドンのリズムにのって若者も年寄りも歌って笑いながら踊るのよ。

兵隊たちはヴァルス・ランシエ（Lancier valce）を踊り、巡礼たちは年齢や好みによって、昔のリズムを思い出したり、モダンなステップを踏んだりして、しばらくの楽しいパーティーが続くの。みんなが楽しく過ごすのよ。

でも、このダンスの時間が過ぎると、またもとにもどって、静かに整然とパレードが続けられるの。

こういう宗教的なパレードにはふさわしくない大騒ぎが、どうして起こるのか不思議でしょ。

ジュメ：マグダラのマリアの〈踊るパレード〉

フォークロアには、いつも一つの正しい答えがあるわけじゃなくて、いくつもの違った説明ができることがあるのよ。お祭りの研究している学者たちによると、いつのことかはっきりしないけど、たぶん六百年くらい前にこの地方にペストがはやって、たくさんの犠牲者が出たときに、エーニュの城主のお妃も病気で倒れてしまったの。お妃さまはとても情け深い方だったので、みんなが心をいためたの。その時、領主が、司祭さんと村人たちにお妃の病気の回復祈願の巡礼をお願いしたの。

司祭さんに従って、村人たちがみんなで礼拝堂から礼拝堂を回って祈りを捧げ、ティメオンまでやって来たとき、城から使いが走ってきて妃さまが奇跡的に回復したと領主に知らせたの。それがとても嬉しかったので、村人たちは大喜びで、神さまに感謝して踊り始めたの。

その時から、巡礼たちはティメオンに着くと、輪になって踊ることになったということよ。

8 ブリュッセルのオメガング

Ommegang de Bruxelles

――あちこちの兵隊のパレードには似たところがあるけど、それぞれ特徴があるのよ。身に着ける制服にも好みがあるし、みんな誇りをもって兵隊を演じて、聖櫃や聖像のお供をするのよ。

ブリュッセル：1935年に復活したオメガング。聖ミカエルが正義の剣を手にし、シュヴァル・バイヤールがエイモンの四人の息子を乗せている

――マミー、ブリュッセル（Bruxelles）にもオメガング（Ommegang）というパレードがあるでしょ。オメガングも、いまお話してくれたのと同じパレードなの？

――オメガングは、ほかのパレードとまったく同じってわけじゃないのよ、ニネット。これから説明してあげましょうね。

　ブリュッセルのオメガングは、長いあいだ途絶えてしまったの。とても残念なことね。そして、ベルギー独立の百年祭にあわせて復活したのよ。

　オメガングの始まりは、十四世紀にサブロン教会のマリアさまに捧げられたパレードよ。マリアさまの奇

ブリュッセル：オメガングのレトリックの部屋の馬車

ブリュッセル：オメガングの不思議な動物たち

跡の聖像は、射手（Arbaletriers）の誓願部隊に囲まれて出発したの。

教会の外で行われる守護聖人のパレードは、私たちの国のあちこちにあって、最初は町や村を守っていただくために行われてきたのよ。それが、昔から私たちに伝えられてきたことなの。

ところが、この神聖な祭りに世俗の要素が付け加えられるようになったの。とくに十六世紀のルネッサンスの時代になると、華やかなイベントが素朴な信仰を圧倒するようになるのね。オメガングも政治的な装いをおびて、滑稽なものになり、歴史に伝説が加えられるようになったの。

お互いに競い合うグループが、十二人の忠臣を従えたシャルルマーニュ（カール大帝）に率いられたベルギー各地の王侯たちを演じているの。エイモンの四人の息子を乗せた名馬バイヤールも登場するの。ジャン・ド・ニヴェルと三匹の犬や、パレードの山車に乗った「ブリュッセルの乙女マリア」、レトリックの部屋（本と「マリアの花飾り」の部屋）や、聖クリストフの銃撃隊や、聖ミカエルの銃士隊、聖アントワーヌの弓手隊や聖ジョルジュと弩《いしゆみ》の結社が続き、ブリュッセルの町のすべての結社が出そろうのよ。

　勇壮なトランペットのファンファーレとドラムが響き渡り、パレードの中心の山車が旗やエンブレムをかざして登場すると、五十本ものギルドの旗や、飾り旗や、紋章や、ローソクを持った人たちが続くの。

ブリュッセル：オメガングの道化たち

グラモン：オメガングのパレードで踊る女性たち

　そして司祭を先頭にして、町や村の役人とギルドの親方が続くけど、パレードは聖母や聖遺物に対する信仰をなくしてしまったのね。

　一五四九年にカール五世（カルロス一世）と息子のフェリペ（後のフェリペ二世）が、市庁舎のバルコニーから眺めたオメガングは、かつてないほど素晴らしかったけれど、それからしばらくしてネーデルランドの執政職についたマルガレータ（マルグリット・ドートリッシュ）は、サブロン教会のオメガングに代えて、聖ミカエルと聖女ギュデュル（Sainte Gudule）の教会（聖ミカエル大聖堂）から出発する「聖なる奇跡の秘跡のパレード（Procession de Saint Sacrement de Miracles）」を始めたの。

オメガングは、フランドルの言葉で「輪になって歩く」ことを意味する祭りで、ブリュッセルだけではなくてフランドル地方には、オメガングのパレードがあちこちに見られるわ。それぞれのオメガングには、地域の人たちの見事な行列や、素晴らしい演出や、祭りに対する思いが込められているの。各地のオメガングで、町のギルドの人たちは互いに豪華さと豊かさを競いあったり、近隣の町と競争したりしたのよ。

Du Combat du Doudou au Jeu de la Passion

Ⅳ　受難劇のドゥドゥとの戦い

――明日は、素晴らしいことがあるわ。みんなで、モンス（Mons）の聖ジョルジュ（saint-Georges）とドラゴンの戦いを見に行くのよ。ジャン＝クロードは、大きな剣を磨いておきなさい。ピストルには火薬を詰めておくのよ。もし聖ジョルジュが、剣を抜きそこなうようなことがあったら、あなたの武器を貸してあげるんだから。

――マミー、私たちにもっとパレードや巡礼のお話をしてくれないの。

――そうね、ベルギーのキリスト教の祭りや伝承は、とても豊かで、変化に富んでいるけれど、その古風で民衆的な性格をただ守っていればいいというわけではないのよ。聖人やキリストの受難の秘跡について語り続けなければだめなのよ。

みんなが楽しむお祭りや遊びは、たくさんの伝承や遊びを生き生きと蘇らせてくれる、とてもよい機会なの。フランドル地方では、それはケルメス（kermesse）と呼ばれているし、ワロン地方ではデュカス（ducasse）と呼ばれているわ。バンシュのカーニバルにはジルがいて、マルメディのカーニバルにはアグター（haguetteur）がいるの。イーペルではカッテフェスト（Kattefeest）を祝っているし、グラモンはクラケリンゲン（Krakelingen）、エコシヌ（Ecaussinnes）には五月の木のお礼にお菓子を贈る祭り（gouter matrimanial）、アルロンには、恋人たちの市（foire aux amoureux）、ブリュッセルには五月の木を立てるメイブーン（Meiboom）、バストーニュにはクルミ市（foire aux noix）、ブラスカート（Brasschaat）には牛の競走（courses aux boeufs）があるの。

私たちの国のあちこちには面白い行事がたくさん残っているのよ。

1 ❦ モンスのリュムソン（三位一体の祝日） *Le Lumeçon de Mons*

——だから、まずモンスのリュムソン（Lumeçon）のお話から始めましょうね。

三位一体の祝日の日曜日に行われる、この素晴らしいパレードについて語るにはモンスの人が一番ね。エノー地方の首都のモンスの大通りを聖女ヴォードリュ（Sainte-Waudru）の聖櫃が「黄金の山車」に乗って練り歩くのよ。そこに「リュムソン（Lumeçon）」という聖ジョルジュとドゥドゥの戦いが繰り広げられるのよ。ドゥドゥは、恐ろしいドラゴンだけど、この戦いには素敵なお話があるわ。生き生きとしたベルギーのフォークロアの中でも、一番魅力的なお祭りの一つよ。

私が聞いたのは、こんな話よ。十四世紀に恐ろしい黒ペストがモンスの町を襲ったの。一三四九年に、モンスの司教と司祭は厳かなパレードを十月に行おうと決めたけど、モンスの守護聖人の祭りにあわせるために、三位一体の祝日まで延期することにしたの。その時から十八世紀までは、このパレードは聖女ヴォードリュ教会参事会員のお金持ちの貴婦人たちに指揮されていたの。パレードの前夜には、彼女たちの中から指揮者を選んで、選ばれた女性がパレードの指揮者になるの。女性指揮者は、エノー地方の高官を従えて教会に赴き、内陣の中央にしつらえた祭壇の聖

モンス：聖女ヴォードリュの聖櫃を乗せた黄金の山車

遺物を披露した後で、高官たちと町の役人に一対の手袋をプレゼントしたのよ。

町の住民は、特別な役目の人のほかは、みんなパレードに参列しなければならなかったの。昔は市長が、既婚の男性とその妻をパレードに参加させて、参加しない人には罰金を払わせる権限をもっていたのよ。

パレードは、厳粛に行われたの。

モンスの孤児院の子どもたちを先頭にして、聖遺物の聖櫃に続いて、修道士たち、音楽隊と馬に乗った護衛に囲まれた聖女ヴォードリュの聖櫃の黄金の山車が荘厳なパレードを繰り広げるの。それから女性指揮者に率いられた教会参事会員の貴婦人たちが美しいドレスとアーミンの毛皮の縁飾りのあるすばらしいマントを着て行進するの。

役人たちに続いて、リュムソンの登場人物たちも勢ぞろいするの。

そして聖セバスチャン（Saint-Sebastien）と聖ローラン（Saint-Laurent）と聖ミカエル（Saint-Michel）の信心会の仲間と一緒に、町の人たちがやってきてマスケット銃の祝砲が大音響を放つのよ。

昔のパレードは、すっかり失われてしまったから、華やかな黄金の山車の行進を復活させるためには、たいへんな努力が必要だったの。教会参事会の貴婦人たちはいなくなってしまったから、貴婦人を演じる女性を育てたのよ。

ブリュッセルの六頭の立派な馬がひく黄金の山車も、聖櫃を乗せて行進するわ。パレードは、グランプラスを抜けてリュ・ヴェルト（緑の通り）とリュ・デ・フリピエ（蚤の市通り）を通っていくの。パレードはあちこちで止まって、そのたびに司祭さんが、その場所にゆかりの聖女ヴォードリュのエピソードを読むの。

それでも、昔みたいにモンスの町のすべてがお祭りに参加するわけではないの。昔は聖ラザール広場にテントを用意して、貴婦人と役人たちはソーセージとタルトの軽食をとったの、モンスに館のあったエノー伯爵は、みんなにワインをふるまったのよ。いまでは、花飾りをつけて小天使を従えた黄金の山車が昔の面影を残しているわ。

モンスの人たちは、パレードをとても誇りにしていて、こんな歌を歌うのよ。

聖女ヴォードリュのパレードの先頭に立つ参事会婦人指揮者

モンスの町のパレードに、黄金の山車が行くよ
聖ジョルジュが行くよ、みんなでついていこう
ドラゴンのドゥドゥとママも行くよ、聖ジョルジュが行くよ

――この歌は、モンスで聞かなくちゃだめね。誰も彼もが喜びにあふれて、町中が陽気にさわいで。昔から伝えられるように、聖女ヴォードリュの華やかな行列の後を敬虔な気持ちで行列して、グランプラスで始まる聖ジョルジュとドラゴンの戦い「リュムソン」を、今か今かと待ちかねるのよ。

――でもマミー、なぜ「リュムソン」っていうの？　リュムソンには、どんな由来があるの？

――物知りの友だちが教えてくれたんだけど、リュムソンって言うのはね、軍隊用語で、兵隊さんが一列に並んで、カタツムリ（リマソン）みたいに歩くことなんだって。だから、リュムソンは方言で、戦いと同じ意味だっていうのよ。

　ドゥドゥっていうのは、どこから始まったか知らないけれど、シャンソンによるとパレードを導く「優しい（ドゥー）イエズスさま」か、ドラゴンのことをこう呼ぶんだって。言葉の意味ははっきりしないけど、一つに決めつけないで、いろんな言い伝えに任せましょう。

　大天使の聖ジョルジュと悪のシンボルのドラゴンとの戦いは、昔の物語や言い伝えのなかにたくさんあるわね。一六六二年のアントワープのオメガングにも、一六一五年のブリュッセルのオ

モンス：グランプラスでのドラゴン（ドゥドゥ）と聖ジョルジュの戦い

メガングにも聖ジョルジュがタラスク（龍）を倒して、聖人に救い出された乙女が、この恐ろしい怪獣を従えている話があるわね。

でもモンスのリュムソンは特別よ。伝説に忠実な伝統に支えられているし、年月を重ねた評判通りの輝きと重みとが感じられるわ。今日まで生き生きと伝えられて、生粋のモンスっ子の心から決して消えさることはないわ。

聖ジョルジュとドゥドゥの戦いの伝説は素敵よ！　それは、こんな話なのよ。

——ずっとずっと昔の十二世紀ころの話よ。ジル・ド・シンという勇敢な騎士がいたの。ジルは、イド・ド・シエーヴルという美しい女性と結婚して、エノー伯爵の忠実で勇敢な戦士になったのよ。十字軍に参加して聖地にむかい、栄誉につつまれたの。ジルは、裏切り者たちを倒しただけでなく、恐ろしいライオンや巨人を退治したの。高潔な騎士として故郷に帰還して、エノー州のベレイモンとシャンベラン

モンス：リュムソンの合間に祝砲を撃つ消防隊

の領主になったの。

その頃、恐ろしい怪獣がいて、口から火を吹いてワーム（Wasmes）一帯を荒らしまわっていたの。ジルは、恐れることなく怪獣に戦いを挑み、聖母マリアのご加護のおかげで、倒したの。この戦いで、ジルは英雄になって、その武勇は語り継がれて伝説になり、いつの間にか龍を倒した大天使の聖ジョルジュの神話とも重なって、十五世紀の末にはモンスのグランプラスで演じられるまでになったの。

歴史上の実際の出来事が、人々の思いと重なって語り伝えられて、どのように祭り上げられていくかが分かるでしょう。いつの間にか、伝説が真実よりも真実らしくなっていくのよ。

モンスの男も女も、大人も子どもも、だれでもこの話をよく知ってるわ。とにかく、ドゥドゥの話を知らないなんて、モンス人の恥なのよ。デュカスの日にあの有名な戦いを見物しない、勇ましく戦いに参加しないなんてとんでもないことよ。こんなに大切なことを、どう言ったらいいかしら。どう表現しても、たりないわ。

戦いの時がせまると、聖女ヴォードリュの巡礼はクレルク通りを下ってグランプラスの真ん中の決戦場に向かうの。ベフロワ（広場の鐘撞塔）のカリオン（鐘）の音が、町中に響きわたるのよ。その響きに、みんなの胸が高鳴って矢も楯もたまらず、笑顔をうかべて歌いながら踊りだすの。

そらドラゴンがやってきた！　お母さんを、守りましょう！
お祖母さんが食べられた！　ドラゴンは、みんな食べちゃうぞ！

モンス：ドラゴン（ドゥドゥ）の死

広場の人たちが、大声で歌って、なんども繰り返し歌って、消防隊の人たちが、ヘルメットをかぶって、銃を担いで軍隊みたいに足をそろえて行進するの。腕白小僧たちが、消防隊を囲んで、リュムソンが始まったら最前列で見ようと押しかけるの。

この伝説的な戦いの主役は、ドラゴンと聖ジョルジュよ。聖ジョルジュは「シンシン」という仮装の馬に乗ったお供を従えているの。勇敢な騎士たちを従えて戦場に赴いたジル・ド・シンを記念するためよ。シンシンは、黄色のチュニックを着て、おかしな丸い帽子をかぶって、棒のさきに膨らませた豚の膀胱をつけた奇妙な武器を持っているの。それでドラゴンを守る悪い悪魔と戦うのよ。

グランプラスに近づくとシンシンたちは忙しく動き、聖ジョルジュの馬は跳ね回るの。聖ジョルジュは白いキュロットをつけて、赤い縁飾りのついた黄色の戦闘服を着て、龍の兜をかぶり、手には旗のついた槍をもち、腰には騎士のサーベルつけて、鞍には古式ゆかしいピストルを携帯しているの。

ドラゴンに従う悪魔とグリーンマン（les hommes-feuilles／緑の葉につつまれた男）は、ふくらませた豚の膀胱や恐ろしい棍棒を身につけている。

そしておもむろにドラゴンが、家来や護衛に守られ、頭を上げて、恐ろしい尻尾を振ってやってくる。観衆は、歓声をあげて、興奮の渦が巻きおこる。なにか、とんでもないことが起こりそうな気配がして、みんな身構えるわ。町の役人や名士たちは、市庁舎のバルコンに座って、パレードが広場にやってくるのを待ち受けている。

ドゥドゥの歌声が響きわたるのは、その時よ。

さあ、カリオンが鳴って、リュムソンが始まるぞ！
聖ジョルジュが槍をとって、ドラゴンと戦うんだ！

ドラゴンと聖ジョルジュの決戦がはじまるわ。山のような怪獣が聖ジョルジュに襲いかかるけど、聖ジョルジュは素早く身をかわす。するとドラゴンは、怒りを観衆にむけて、大きな尻尾を振り回す。すると観衆は、尻尾にとびかかって、その毛を引き抜こうとするのよ。ドラゴンの毛は、戦利品になってお守りになるのね。悪魔たちは、ドラゴンを守ろうと必死よ。ドラゴンも尻尾を振って、観衆を追い払おうとするわ。グリーンマンも、棍棒を振り回すわ。

聖ジョルジュは、手にした槍でドラゴンにとどめを刺そうとするけれど、槍は怪獣の固いうろこに阻まれて、折れてしまうの。怪獣は、尻尾を風車のように振り回して、食い下がるシンシンを蹴散らすの。

聖人が、ドラゴンにサーベルで立ち向かうと、ドラゴンは追いつめられて、戦いは最高潮よ。丁々発止と激戦がつづくの。ドラゴンの恐ろしい尻尾が観衆の頭の上ぎりぎりに行ったり来たりすると、悲鳴がおこって、尻尾をつかもうとする手を振りはらうの。

騎士は、ドラゴンを剣で突いたり切ったり、懸命に戦うけど、敵を倒すことはできないわ。戦いは乱戦になっていく。そして、ちょうど午後一時になる頃にベフロワの鐘がなると、聖ジョルジュはドラゴンにとどめを刺すと決めるの。馬を後退させて、悪魔を追っていたシンシンを集め、ピストルを握ってドラゴンの頭を狙うの。

最初の一発は外れるけれど、次の一発でドラゴンはグランプラスの石畳に倒れるの。

ブラボーの歓声が上がって、それぞれの勇気と健闘を称えあい、悪に対する善の勝利を祝うの。

さあドラゴンは息絶えた。みんなでいっしょに、祝おうじゃないか！

デュカスの祭りを祝おうじゃないか。食卓につきなさい、子どもたち！

こんなに素晴らしいものを見たデュカスの日には、ワロン地方のしきたりどおり、ご馳走を食べなくちゃね。

――マミー、ぜったいモンスのリュムソンに連れてってね。

――もちろんよ。お話だけじゃ足りないわよね。マミーは、みんなにフォークロアが好きになってほしいの。ベルギーのフォークロアは、いまも生きているわ。お祭りがあるときには、いつでも行ってみましょうね。

あちこちの祭りを訪ねることは、私たちの国を旅することよ。ベルギーには、いろんな風景があって、とっても素敵な町があるわ。いつでも町中の人たちが夢中になる楽しいことがいっぱいあって、誰もがその町や村の行事を楽しむの。

2 ❦ ヘラールツベルゲン（グラモン）の「クラケリンゲン」（カーニバルの最初の日曜日）

La fête des Krakelingen et le Tonnekebrand à Grammont

例えば、東フランドル地方のヘラールツベルゲン（Geraardsbergen / Grammont）には、「クラケリンゲン（Krakelingen）」という祭りがあって、カーニバルの最初の日曜日に祝われるの。カーニバルについては、いろんなお話があるわ。カーニバルほど、昔からの楽しい伝承を残している祭りはほかにないわ。祭りは野外で行われるから、お天気がよければ最高よ。

クラケリンゲン祭りの日の、午後の早い時間に町につくと、市庁舎前の広場にたくさんの人が集まっているの。そして、とつぜん市庁舎の扉が開いて、教会の主任司祭が町の指導者たちを従えて現れて、お祭りが始まるの。

パレードは、昔から決められている順序にしたがって、雪のように白い小さな鳥（Van't sneeuwwit vogeltje）という曲にあわせて、みんなが行進するの。町の吹奏楽団を先頭にして、ヘルメットをかぶって昔の制服をつけた消防士たち、そして白い小麦粉ベースのこんがり焼けた丸いプチパン（クラケリンゲン）がいっぱい詰まった「マナ（神の与えたパン）」の籠を担いだ男たち。男女の農民の行列。近隣の町や村の人たちは、家族の内から一人をこのパレードに送るという伝統があるので、参列する人たちはどんどん増えて、フラマン語もワロン語も入り混じって聞こえるのよ。

グラモン：アウデベルグ丘の頂上に向かってクラケリンゲンの籠を運ぶ参列者

ヘラールッベルゲンの近郊には、「アウデベルク（Oudenberg／古い丘）」という小高い丘があって、古代の住居が点在するなかに異教の神殿の跡も見つかっていているから、そこは、間違いなく宗教的な祭りの行われた「高い場所（神聖な場所）」だったのよ。

パレードが丘の坂を登って、頂上に着くと、足もとに広々としたパノラマが広がるの。頂上にはアウデベルクの聖母に捧げられた小さな礼拝堂があって、主任司祭は信者たちと一緒に、マリアさまの連祷を唱えるの。それから、少し離れたところにある石柱とアカシアの木の植わった窪地にお参りするの。

みんな喜びにつつまれて、笑って歌うの。なにかとても楽しいことが起こりそうな気がするのね。実際、町の役職の人たちが窪地に集まると、主任司祭さんに金銀細工の施された美しい杯を捧げるの。その杯は町の宝で、この祭りの日にしか使われないのよ。

杯にワインがなみなみと注がれるんだけど、そこには何が入れられると思う？

——きっとお水よ！

——お塩だよ！

——籠に入れて運んできたクラケリンゲンのかけらでしょ？

——みんなハズレよ！

ワインの杯のなかに、小さな魚を入れるのよ。とたんに杯が水族館になって、魚がピチピチ跳ねるの。魚には「ワインが好きかどうか」なんてきっと訊かないわよね。

それから司祭さんは、おもむろにミサの時に使うナプキンで杯の縁をぬぐって、式服が汚れないようにしてから、一口ワインを飲んで、小魚を飲み込むの。この瞬間に、吹奏楽隊は「怠け者の漁師（Het loze Vissertje）」という曲を演奏する。

それから市長さんや参事会員や名士たちは、杯をまわしてワインと魚がなくなるまで飲み干すの。こんな風に輪になって飲むのが可笑しくて、みんな笑いころげるの。

そこにクラケリンゲンをいっぱい詰めた「マナ」の籠が到着すると、観衆は歓声をあげて殺到するの。主任司祭がパンをつかんで、手をのばす人たちの間に投げ入れると、一人が飛び上がってこれをつかむ。

これを合図に市長や名士たちが、司祭さんに負けずとパンを投げ始めて、観衆の上にパンの雨が降るのよ。パンをつかんで、あっちにもこっちにも投げるから、これをつかもうとみんな競争して、笑い声が響いて、もう大騒ぎなの。考えてもみて、五千個ものクラケリンゲンが投げ込まれて、誰が一番とるか競争するのよ。男の人はそれでトロフィーやボタン飾りを作ったり、帽子に飾ったりするの。女の人はバッグに入れて、子どもたちは丈夫な歯でかみつくの。最後には、弾がつきて、パンの爆撃は終了して、みんなが町に引き上げるの。夕方の町では、ケルメスが大賑わいよ。まだまだ祭りは終わらないし、夜になったら、元気な人はもう一度アウデベルクの丘に登るの。

丘のてっぺんに着く前に、子どもたちが輪になって歌って笑う声が聞こえる。子どもたちは、

グラモン：アウデベルク頂上のトンネケブラント

手をつないで不思議な柱のまわりを踊りながら回っているのよ。柱は四メートルくらいの高さがあって、上の方には真ん中がふくらんで先のとがった藁束が結びつけてあるの。いったい何かしら。

でも、すぐに分かるわよ。日がとっぷりと暮れると、藁の松明に火がつくのよ。松明が瞬くまに天までとどく炎を上げると、みんなは歓声をあげるけど、これで終わりってわけじゃないのよ。松明の真ん中のふくらんだ所にはタールが塗られた樽が隠れていて、中にはピッチがかかった小枝が詰まっているのよ。これが勢いよく燃えて、その炎があたりを明るく照らすの。樽に火がつくと、燃えさかる火の熱があたりに伝わり、高く燃え上がり、明るい光が高くあたりを照らすわ。これが「トンネケブラント（tonnekebrand／樽の火）」遊びよ。これは、きっと古い歴史をもつ火に対する信仰の名残りね。火は、民衆の心のうちでは、命と守護と繁栄に結びついているのよ。

子どもたちは輪になって踊り続け、作物が豊かに実るように、歌ったり踊ったりしているわ。

アウデベルクの火を待って、遠くの畑でも同じような火が焚かれて、高く天まで上り、みんながその周りで、歌ったり踊ったりしているのよ。畑で火を燃やす古い祭りには、聖ヨハネ（Saint-Jean）の火や聖マルチヌス（Saint-Martin）の火もあるわね。

その火は、夜空に輝く詩的な夜の火祭りで、その明かりが闇を追い払い、その熱が寒さから作物を守り、その炎が危険を遠ざけてくれるのよ。

火だけが、最初の人間たちに生きることを許し、まだ家のない時代でも、人は住まいに炉（foyer）をもつことができたのよ。

時が過ぎて、先史時代の遠い祖先の後にきた人間たちも、火に対しては同じ愛情と同じ喜びと安らぎを感じていたわ。そして花火のような火花を残して燃え尽きる「トンネケブラント」も、フォークロアを通して火に対する人間の感謝と賞賛の気持ちを伝えているのよ。

もちろん、ヘラールツベルゲン（Geraardsbergen／グラモン）の人たちが毎年祝っている、この二重の祭りの起源を説明する伝説は、ほかにいくつもあるわ。

3 ❦ アルロンの四旬節の「ソラマメの王さま」 *Les Fèves de Carême à Arlon*

――でも、伝説には歴史的な根拠はないと思うし、その話をするよりも、ヘラールツベルゲンとは違った形をとるお祭りを紹介する方がいいでしょう。そのお祭りは、形は違うかもしれないけれど、その本質にはそれほど違いはないのよ。

それは、同じカーニバルのマルディ・グラ（肉の火曜日）の次の日曜日にアルロン（Arlon）で行われるワロン語では「四旬節のソラマメ（Fèves de Carême）」フラマン語では「Faaschtebounen」と呼ばれるお祭りよ。その年に結婚した若いカップルが、窓辺にやってきて歌う子どもたちにソラマメを投げるの。

祭りの日の朝八時になると、市庁舎前に枕カバーをバッグ代わりにして、背中に背負ったり前に掛けたりした子どもたちが集まって、大声で歌ったり踊ったり、大騒ぎするの。

すると突然、「その年に結婚したカップルのリスト」を手にした役人が姿を現わして、リストを子どもたちに渡すの。リストを受け取った子どもたちは、すぐに出発して、最初の家の窓辺に着くと、輪になって歓声をあげて、アルロンの方言で

あなたの家には幸せがある
四旬節の豆を投げてちょうだい！

と歌うの。

すると、窓が開いて、新婚夫婦がにこにこ笑って現れて、子どもたちに「ファアシュテボウネ

ン（Faaschtebounen）」と呼ばれるプレゼントを投げるのよ。リンゴやオレンジや、ボンボンや麦芽糖や、お菓子がいっぱい投げられるの。それから、銅貨がまかれると、子どもたちは大騒ぎ。町の人たちが見守るなかで大騒動が繰り広げられるのよ。

だけど、合図の笛がなると静かになって、次の新婚さんの家を目指して、また大騒ぎを繰り返すの。

子どもたちの袋はいっぱいになって重くなるけど、みんな元気いっぱい。陽気な騒ぎは、まだまだ続くの。

ときたま、新婚さんの窓が閉まったままで、「四旬節の豆（fèves de carême）」が天からマナのように降ってこないことがあると、子どもたちは不満の叫びを上げて反撃に転じ、嘲りの歌を歌って、ケチンボをやっつけるの。

そして正午の鐘がなると「幸せな家巡り」は終わって、子どもたちはお菓子でいっぱいのバッグやズタ袋をさげて家に帰って、「ファアシュテボウネン」の収穫を幼い弟や妹に分けてあげるの。

4 ❦ イーペルの猫祭り

Le Kattefeest à Ypres

観衆たちにむかって撒くのが、ヘラールツベルゲンのクラケリンゲンやアルロンのお菓子や果物のように、美味しいものじゃない祭りもあるのよ。

イーペルの町に古くから伝わる「カッテフィースト（Kattenfeest／猫祭り）」に行ってみるといいわ。

ケルメスの間の三月の日曜日に、とてもおかしな一行がグランプラスに登場するの。半分赤で半分白という奇天烈な衣装を身つけて、帽子のとがった先が額に落ちかかって、むかし王を楽しませていた道化の恰好をしているの。

道化の首には鈴がついていて、一足ごとに笑いを巻き起こすの。手には道化のシルシの杖をもって、杖の先にはリボンがついていて、木彫りの猫が背中を丸めているの。道化の横には、穴から出てきたばかりの小悪魔と、毛皮やブタの膀胱で作った猫をもった小姓がお供しているの。

あたりを一回りすると、一行はベフロワ（鐘楼）の前に立ち止まり、道化は姿を消して、しばらくするとベフロワの塔のてっぺんに姿をみせるの。この塔はね、第一次世界大戦の時に破壊されて、再建されたのよ。

塔のてっぺんにはバルコニーが用意されているの。観衆たちが鐘楼の下に集まって、今か今

イーペルの猫祭り：観衆に向かってぬいぐるみの猫を投げる道化

かと叫びを上げているところに、天の高みから光がさして、人影がみえる。いよいよ道化の登場よ。道化は、猫のぬいぐるみを手にもって、一匹ずつ投げ落とすの。猫は、幸せをもたらすお守りだといわれていて、猫の首にはリボンが結ばれているの。そのリボンには数字が書いてあって、拾った猫を市役所にもっていくと景品がもらえるのよ。

　猫祭りの始まりは、十二世紀だといわれているわ。その頃イーペルの人たちの間では、古代のエジプトみたいに、猫が信仰の対象になっていたんだって。司祭さんたちは、こういう異教の名残りを追い払おうとしたけれどうまくいかなくて、フランドル伯爵に訴えたの。イーペルは、フランドルでも三番目の大都市だったから、伯爵は、猫が特別な信仰に値しないことを町の人たちに示すために、三匹の猫をお城の塔のてっぺんから生きたまま放り投げて、町の人や近隣の村の人たちにこの残酷な処刑を見物させることにしたの。

　この見世物の日には、たくさんの人たちが集まるので市がたち、伯爵のおかげでお祭りがはじまったの。猫は、すぐに猫のぬいぐるみに改められて、祭りの起源が信仰にかかわることも忘れられて、お祭りの楽しさだけが残って、いまに続いているというわけ。

　そういうわけで、すべてのフォークロアには歴史的な起源があるか、あると言われているわけよ。フォークロアの多くは、ずっと昔から伝えられてきたし、フォークロアを伝える人たちは、なにか不思議な力を信じているに違いないわ。伝えられた慣習を守らなかったり、粗末にすると、何か悪いことが起こるんじゃないかと感じているのよ。

クリスマスとか、復活祭とか、大きな宗教的な祭りがあって、それに先立つ季節や、それに続く時期には、ほかの季節よりも祭りが多いのはそのせいよ。

5 バンシュのカーニバルとジル *Le Carnaval de Binche et les Gilles*

カーニバルは、その楽しみが復活祭の祝日に従って決められているので、今でもたくさんのベルギーの町に、とても古くからの伝統が残されているでしょ。バンシュ（Binche）やマルメディ（Malmédy）やオイペン（Eupen）のカーニバルの話は聞いたことがあるわね。祭りのにぎわいだけでなく、祭りの主役たちが昔からの仮装と衣装で登場することで知られているのね。

——マミー。大きな羽根の帽子をかぶった人が登場するのはバンシュでしょ。

——その通りよ。有名な「バンシュのジル（Gille）」よね。すごく有名だし、遠くからでもすぐ分かるわ。バンシュは、いつもはとても静かな町だけど、カーニバルの時は、ジルのつけた鈴の音とダンスのリズムでいっぱいになるわ。

バンシュのカーニバルにも歴史的な起源があるのよ。その歴史には、きちんとした根拠があるわ。

——その歴史のお話をきかせてちょうだい。

——そうね。モンスの「リュムソン」について話すには、生粋のモンスっ子でなくちゃいけないのと同じで、バンシュのカーニバルについて話すには、バンシュ生まれのバンシュ育ちでなくっちゃいけないから、私にできるかどうかわからないけど、話してみましょうね。

バンシュ：広場に集まった少年のジル

とにかくジルは、バンシュにしかいないし、どこか他所にジルがいても、それは本物じゃないの。いつからバンシュの町にジルが登場したか、ジルのこんな衣装が始まったか、いろんな研究があるのよ。

私の説明が正しいかどうか分からないけれど、あまり間違いはないでしょう。

前にも言ったと思うけど、一五四九年にカール五世（スペイン王カルロス一世）が息子のフェリペとネーデルランドにきた時、ブリュッセルでオメガングを見物したのよね。その時、新大陸アメリカから、ペルーの先住民を連れてきたらしいの。

アメリカは、発見されたばかりで、ペルーの人たちは珍しいから、カール五世の一行は、ベルギーの町をあちこち連れて歩いて、バンシュにもやってきたの。

その時、カール五世の妹のマリエがカールとフェリペを歓迎するために祝宴をもうけたの。その祝宴で、頭に羽飾りをつけたインカ帝国の人々が大変な評判を呼んだので、参列した諸侯もそれに対抗して美しい見事なダチョウの羽の帽子をつけたそうよ。

その羽の大きさと見事さに外国の大使たちも驚いたの。そしてバンシュの人たちも、その光景に驚いて、その時、ほかのどこにも見られないカーニバルのジルの姿が生まれて、今日まで伝えられているというの。

この話には根拠がないという人たちもいるわ。現在のバンシュのカーニバルとジルが、十八世紀以上にさかのぼることはないというのも事実よ。でも、このお話そのものを本当だとする証拠はないけれど、嘘だという根拠もないのよ。だから、その昔、カール五世のために妹のマリエが催した宴席で、ペルーの先住民が披露した踊りの名残りが、バンシュのカーニバルの伝統に残されていると信じることは、よいことだと思うわ。

バンシュの町でジルを演じる人は、一年を通して、その準備をするの。ジルの役目を務めることは、そう簡単なことではないから、ずっと準備しなければならないの。ジルになりたければ、だれでもジルになれるというわけではないのよ。

まず代々バンシュ生まれの家族の息子でなければならないし、子どものころからジルになる訓練を受けなければいけないの。バンシュ独特のカーニバルの音楽を耳にしたら、足並みそろえて、調子を合わせなきゃいけないのよ。ジルを演じる技と誇りをもたなきゃいけないの。ジルの衣装は数千フランするし、頭に飾る羽は一枚で二百フランもして、かっこよく飾るには八枚から十枚必要なんだって。

だからジルは、そういう飾りを必ずしも個人がもっている必要はなくて、所属するソシエテという結社から借りることもあるの。ダチョウの羽は、毎年、丁寧に修理されて大切に扱われるのよ。修理は複雑で、熟練の技が必要なの。

マルディ・グラ早朝のバンシュ：手にラモン（小枝）を持つジル

カーニバルは三日間続くんだけど、最終日のマルディ・グラ（脂の火曜日）にジルが登場するの。レースの肩掛けには縁飾りと花飾りがついているわ。裾にもヒラヒラしたレースの飾りのついた赤・黄・黒の三色のズボンをはいて、上着の袖にもレース飾りがついているわ。背中と胸がふくらんで、襟を隠したジルは、人形みたいに見える。お腹をアペルタンターユ（apertintaille）という鈴がいくつもついたベルトでギュッとしめるの。

ジルは、祭りの音楽なしに動くことはできないことになっているのよ。足には、模様や房飾りのついた木靴をはいて、朝出発するときには「ラモン」という小枝の束をもって、午後にはオレンジがいっぱい詰まった籠をもつのよ。でも一番ジルにふさわしいのは、頭にのせた長いダチョウの羽飾りよ。

そして、最後は顔にかぶった仮面ね。眼鏡をかけているから表情が分からないの。その変わらない表情で、腕と体を激しくゆすりながら、観衆にオレンジを投げつづけるのは、驚きだわ。

カーニバルの最初の二日には、ジルはそっと祭りの準備をしているのね。素晴らしい衣装と、羽飾りは登場しないの。そしてマルディ・グラの当日になると、夜明けとともに町に出てくるの。最初は、白いピエロのとんがり帽をつけていないけど、音楽隊がジルの門口にやってきて太鼓と笛を吹くと、それを合図にジルが踊りながら姿をあらわし、それから一日中踊りをつづけるの。

ジルは次第に地区ごとに集まって、勇ましい男たちのグループになるの。みんな同じ格好をして、バンシュの人たちだけが知っているステップで一斉に踊り、その数は時々刻々と増えはじめて、あたりは観衆で埋め尽くされるのよ。

観衆は、近隣の町や村だけでなく、遠いモンスやシャルルロワ、ブリュッセルやリエージュ、さらには外国からも来ているの。グランプラスも押し合いへし合いだし、通りもいっぱいで身動きできない。通りの家の窓辺にもバルコニーにも観客がいっぱいだけど、ジルが投げるオレンジをよけるために網が張られているの。そしてジルの行列は、少しずつグランプラスに向かうのよ。

いろんな仮装した人たちが、行列の先頭にたって進むけど、ただの引き立て役で、とてもジルにはかなわないわ。何百人ものジルが、同じ色の同じ衣装を身につけて、リズムにあわせて踊りながらやってくる。観衆は熱狂して歓声を上げるの。みんな感きわまって叫ぶから、止めることができないの。

ジルの頭上には羽飾りが優雅に波打ち、観衆に向かってオレンジをなげつける。時がすぎても、なにも動かないように見えるけど、それでもジルはグランプラスに勢ぞろいするのよ。そして雑踏を抜けて、まあるい輪になるの。その輪のなかに音楽隊と仮装した子どもたちとパレードの他のグループが入り込むのよ。これが、まさにマルディ・グラの大団円、ジルの勝利の瞬間よ。広場全体がダチョウの羽でおおわれて白一色になり、ジルのダンスになびいて、たわんで、ゆれるの。小太鼓と大太鼓が響き、木靴が広場の石畳を踏み鳴らすの。

バンシュ：市庁舎広場のジルを取り囲む観衆

日が暮れて、夜が更けても、祭りはつづくのよ。花火が上がって、発煙筒（ベンガル花火）が火を吹き、松明がともされて、観衆の熱気は高まるばかり。ジルは木靴を鳴らして踊りつづけ、ダチョウの羽は揺れて、朝までカーニバルを祝うの。

6 ❦ マルメディのカーニバル（カーニバルのマルディ・グラ） *Malmédy*

――でも、ベルギーのカーニバルはバンシュだけではないわよ。ブリュッセルや大都市では、カーニバルの伝統は絶えてしまったけれど、アロスト（Alost / Aalst）やオイペンやマルメディのような地方都市では、まだ盛んに祭りが行われているの。ちょうどいい機会だから「（ドイツから）解放された地区」と呼ばれるこの地方のフォークロアを見てみましょうね。

　この地方の町には、毎年工夫をこらして仮装をしたり、奇想天外なことを考えたりして、楽しくカーニバルを祝う習慣が残っているのよ。

マルメディ：カーニバルのパレードに登場した奇妙な仮装

マルメディ：マジックハンドを手にした悪魔

　マルメディのカーニバルは、ベルギーのあちこちの町にみられるパレードや山車があるけど、この町だけの愉快な仮装行列もあるのよ。私が驚いたのは、マスクで仮装をした人が「アゲット（haguette）」という伸びちぢみのする木のハサミ（マジックハンド）を持ってたことよ。これを突然目の前にのばして、みんなを掴まえて驚かせるの。とても面白いわ。

7 ❦ オイペンのローゼンモンタグ（カーニバルの月曜日）

Le Rosenmontag d'Eupen

オイペンでは、カーニバルの月曜日に多くの人が集まるの。いつもはとても静かなこの町は、「ローゼンモンタグ（Rosenmontag／バラの月曜日）」を祝って沸きかえるのよ。

昔は造花のバラをカーニバルの観衆に投げ込む習わしがあったの。いま私が作っている造花も、お祭りの花飾りだけじゃなくて、いろんな使い道があることがわかるわね！

オイペンでは、その日一日は、すべてが歓びの手にゆだねられて、市長さんは権力をカーニバルの王さまに譲って、町中に歌や踊りがあふれて、いろんなカーニバルの曲（lieds）が流れるの。カーニバルの王さまは、王笏を手にして、フクロウと道化をしたがえて、上町と下町を行く楽しいパレードに合図をおくるの。ここでもパレードに、サンブル＝ムーズ地方でも活躍した昔の制服姿の兵隊が登場するわよ。青と白の制服の砲兵部隊は、フンケンマリヘン（Funkenmariechen／きらめくマリー）という居酒屋の女将がご自慢なの。フンケンマリヘンは、十八世紀の衣装に白いカツラをつけて、三角帽をかぶり、媚びをうって、好き勝手にふるまうの。

その日のオイペンには、フンケンマリヘンのライバルは、ナポレオン皇帝時代の粋な身なりをした緑の猟騎兵が連れている緑の居酒屋の女将しかいないのよ。

この二人は、ローゼンモンタグ（バラの月曜日）の間じゅう言葉合戦をして、町中の人たちがその言葉に調子をあわせて一喜一憂するのよ。

カーニバルには、町のみんなが参加して、昔から伝わるお料理を食べるの。美味しい香りのするレンズ豆のスープには燻製のベーコンとソーセージの輪切りが入っていて、オイペンのグルメやグールマン（大食家）は燻製の香りと味に舌鼓をうつの。

8 ❦ エコシヌスの菓子祭りと恋人さがし

Le Goûter matrimonial d'Ecaussinnes

せっかくお料理の話をしたし、食べ物のフォークロアは面白いから、我が家のおやつを作ってあげましょうね。クレープにする？　それともゴーフルがいい？

――マミー、クレープをちょうだい！　フライパンで、上手にひっくりかえしてね！

――だめだめ、絶対にゴーフルだよ！　マミーのゴーフルは、とっても香りがよくて、美味しいんだもん。

――小さいくせに、お口が達者ね。それじゃあ、ゴーフルにしましょうね。でも、せっかくフォークロアの話をしているんだから、とっても素敵なエコシヌの婚約のお菓子を作りましょうね。

――マミー、「婚約（matrimonial）」ってどういうこと？

――すぐにわかるわよ、おちびさん。エノー地方のエコシヌという美しい町には、素敵なお城があるんだけど、娘たちはなかなか結婚相手がいなくて困っていたの。そして、結婚しないで年をとっていくよりはすぐに結婚相手が見つかるいい方法があるって気がついたのよ。

それは、たしか一九〇三年のことだったらしいけど、素晴らしいお祭りをして、結婚したいって考えている若者をエコシヌに呼び寄せて、お菓子をふるまうことにしたの。

これが大成功だったから、それからは毎年お祭りをすることになって、新しいフォークロアが生まれたの。いまでは、聖霊降臨祭の月曜日にエコシヌの町ではパレードがあるの。

その日は朝早くから若者たちがやってきて、午後からの祭りを待つの。そして三時になると行列をつくって娘たちを訪ねると、娘たちのグループの代表が歓迎のあいさつをするの。そしてグランプラスで、この愉快な祭りを記念する容器に入った、たくさんのお菓子がふるまわれるの。そして、花合戦とか、クラミニョンやファランドールというダンスを踊って、祭りを終わるの。

ワロン地方には、あのデュカスがあったわよね。

――マミー、このお祭りのおかげで、エコシヌでは結婚する人がふえたの？

エコシヌ：聖霊降臨祭月曜日の菓子祭りのカップ

――「結婚して家庭をもちたい」っていう優しい娘たちのためには、そう願いたいものね。幸せが訪れる時には、それを喜んで迎えるものよ。

結婚にまつわるフォークロアは、いっぱいあるわ。若い男の子や女の子にとっては、結婚して家庭をもつことは、とっても大切ね。そして結婚相手をみつけることは、いまより昔の方がずっとむずかしかったのよ。よく、「シンデレラみたいに、足にぴったりあった靴をみつける」っていうでしょ。昔は、出会いの機会が少なかったからね。

9　アルロンの恋人さがし市

La Foire aux Amoureux à Arlon

おかげで、アルロンの近くのアルデンヌの農民たちは、とても変わった習慣を守っていたのよ。十二月の最初の木曜日にアルロンで開かれる聖ニコラウスの市には、ルクセンブルグからたくさんの人がきたのよ。結婚相手をさがす若者がいて、娘を結婚させたい父親がいる時には、その日は市に行って仲人（heiligsman marieur）を探すの。この仲人の役目はとても大切よ。幸せなカップルを作らなければいけないんだからね。仲人は、それぞれのお相手の気質を心得ていて、家同士の事情も考えなくちゃいけないのよ。この「恋人たちの市」が終わると、仲人はあちこち探し回るけど、気をつけなくちゃいけないのは、とにかくたくさんの手がかりを見つけておくことね。

仲人がお見合いをアレンジして、お婿さんの候補を娘の家に連れていくとき、若者が娘とその両親に気に入られれば食事が出るの。でも「Eier Pfanne Kuck」という卵のゴーフルしか出なければ、それは丁重なお断りのしるしね。仲人は、こんな風にしてお見合いの結果を判断したのよ。一月に「成婚の市」が訪れて婚約が決まると、若者は婚約者に指輪のかわりに「Spengel Geld」という金のピンを贈ることができたの。そして、きちんと仕来りをまもるため、灰の水曜日（カーニバルの次の日）までに結婚式が挙げられたの。

結婚式に招待される仲人は、一番上等な服に白い手袋をつけ、素晴らしいネクタイをして、ゲートルをまき、シルクハットをかぶることもあったの。

――でも、マミー。今日はいろんなお話をするね。さっきはモンスのデュカスとカーニバルの話だったでしょ。この話の続きをもっと聞きたいよ。ぼくたちはまだ子どもで、結婚できる年齢ではないし、大人になっても「靴にぴったりの相手」をさがすためには仲人さんなんていらないよ。

――そうね、ジャン＝クロード。その通りだわ！　私の話をとてもよく聞いてくれたから、もう一つゴーフルをあげましょうね。おかげで、私もお話の筋道をはずさずにすんだわ。でも、私たちの国のフォークロアは、そんなに短い時間でなくなってしまうことはないのよ。

あなたは、どこの町のお話が聞きたいの、言ってごらんなさい。

——それじゃあ、ナミュールのお話はどう?

——それからブリュッセルのお祭りの話もお願いよ。

——それじゃあ、私のお話のレパートリーのなかから、ナミュールの竹馬祭り（Echasseurs）のお祭りとブリュッセルの五月の木祭り（Meiboom）の話をしてあげましょうね。

10 ナミュールの竹馬祭り

Le Combat des Echasseurs, à Namur

昔ナミュールの若者は、アヴレスとメランという二つのチームにわかれて、竹馬合戦（Combat des Echasses）をやっていたのよ。時には、それぞれ七百人か八百人のメンバーがいて、キャプテンと士官が指揮をとっていたの。

二つのチームは、カーニバルのマルディ・グラにサン・レミ市場に集まったの。この合戦に参加するために、とても遠くからやってくる若者もいたわ。

町の人たちは、市場のまわりの窓辺やバルコニーに陣どって見物するの。ナミュールの祭りにはカール五世（カルロス一世）とかイザベル王女とか偉い人が、この楽しい合戦にくることはないのよ。

戦いの場所がきまると、若者たちはジャンプして、バランスをとりながら移動するの。肩と肩をぶつけて、相手を倒そうとするから、時には傷をおったり、怪我をする若者もでるの。なかには一本足で立って、二人も三人も倒すこともあるけど、共倒れになってしまうこともあるわ。最後は、大混戦になって、勝った方も、負けた方も無傷というわけにはいかないのよ。市長さんは、勝った方の若者たちに勝利を祝して、ビール樽をいくつもふるまったの。

かつて盛んだったナミュールの竹馬合戦

ナミュールの竹馬合戦は、十七世紀、十八世紀には大盛況だったけど、そのあと事情が大きくかわってしまったのよ。合戦に参加した若者たちの間でたびたび喧嘩があったので、町が厳しく対応して合戦を禁止してしまったの。楽しいお祭りが姿を消したのは、ほんとうに残念だったわ。

でも、一九三五年になって、パレードのなかに「シャシュー／Chacheu」という竹馬隊が参加して、昔ナミュールの人たちが夢中になった遊びが復活したの。昔の竹馬祭り

（エシャサー／Echasseurs）というフォークロアは姿を消したけど、いまでもシャシューにその面影をみることができるのよ。

11 ブリュッセルの五月の木・メイブーン

La Plantation du Meiboom à Bruxelles

――それじゃあ、マミー、メイブーンのお話をしてね。

――よく覚えているわね、ほんとうに！

それは、五月一日のメイ・デーに、五月の木（Meiboom）を植えるお祭りよ。

実は、このお祭りは六百年以上まえに、八月の聖ローランの祝日にスカルベーク通りとサーブル通りとパルク市場のにぎやかな界隈で行われていた行事が起源なの。

ブリュッセルの人たちが、この祭りをわすれないのは、もしこの木をその日の夕方五時までに立てられなかったら、ルーヴァン（ルーヴェン）の町の人たちが、ブリュッセルの人たちの代わりにメイブーン（五月の木）を立てることができるという言い伝えがあるからよ。

実際、一九三九年に、ブリュッセルがメイブーンを立てる権利を失い、ルーヴァンがその権利を手に入れそうになったことがあったの。

八月九日に、ルーヴァンの若者が悪知恵を働かせて、用意した木を盗み出してしまったの。で

ブリュッセル：メイブーン（5月の木）と、ミケ、ジャヌケとパパ・ママの巨人一家

も、幸いなことにブリュッセルの人たちはメイブーンをもう一本手に入れて、運命の時、五時の鐘が鳴る前に、それを植えることができたのよ！

この界隈の人たちは、その昔、この祭りのためにソワーニュの森で木を伐ることが許されていたの。今では、町の人たちは行列（パレード）をつくって、プラス・ド・ラレーヌ（Place de la Reine 王妃の広場）まで木をとりに行くわね。パレードの先頭には、ミケ（Micke）とジャヌケ（Janneke）という二人の巨人が立って、大勢の子どもたちがそれに続き、その後に陽気にさわ

ブリュッセル：メイブーン・パレードに登場する運命の輪

ぐ大人たちがやってきて、みんなで歌ったり、踊ったり、跳ね回ったり、たいへんよ！

巨人のあとには馬に乗って木のサーベルを振りまわす守備兵のパレードが続くの。

次に聖ロランのギルド（講）の人たちが「運命の輪（Roue de Fortune）」を引きながら続くの。この丸い輪の上には有為転変を象徴する六人の人がのっていて、絶頂にいる人も一瞬のうちに転げおちることを暗示するのよ。

そして最後に五月の木が運ばれてきて、決められた神聖な場所に立てられると、その木を囲んでみんなが踊るの。

その後にも、荷車競争や、袋跳び競争や、いろんな遊びが待ってるの。子どもだけじゃなくて、大人たちも夢中になる遊びが、いっぱいあるのよ。

12 ❦ ケルメスとデュカスと遊びのいろいろ

Les jeux de kermesse et de ducasse : jeu de balle, de crosse, struyfspel, tir à l'arc et à l'arbalète

——大人のひとが楽しむ遊びは、ほかにもあるの？

——もちろんよ。私たちの国のフォークロアには、大人のためにもいろんな楽しみがあるわよ。昔、映画やラジオがなかった時代、みんなが熱狂するスポーツ競技会もなかった時代、サッカーや自転車レースが今ほど人気を集めていなかった時代には、お祭りの時に、誰でも参加できる、もっと単純だけど、夢中になって技を競い合うゲームを、みんなが楽しんでいたのよ。だからいまでも、そういう大きな競技会の少ない、小さな町や村のお祭りには、その名残りが残っているのよ。

ワロン地方のデュカスや、フランドル地方のケルメスのように町のグランプラスで開かれるお祭りには、屋台が立ち並び、おなじような光景が見られるでしょ。木馬のまわるメリーゴーランドや、駄菓子や揚げ物の店や射的や占いの店、場合によってはサーカスや移動式ジェットコースターが登場するのよ。

それぞれの町や村の都合に合わせて、毎年決まった時期にやってくるデュカスやケルメスは、世代から世代に受けつがれるとても大切なお祭りよ。とくに村では、お祭りが、独特の意味をもっているの。

グローブで球を受ける競技者

みんなもナネットおばあさんと一緒に、おばあさんの親戚の村祭りに行って、タルトを食べたり、鬼ごっこをしたり、九柱戯(野外ボーリング)をしたりするのは楽しみでしょ。みんなが遊びに行く頃は、村もお色直しの最中ね。

――そうね、マミー。家の壁を塗り替えたり、道の草を抜いたり、日曜日の夕方にカフェで開かれるダンス大会のために音楽の練習をしたり、大変だったわ。村の人たちはみんなおしゃれをして、家を訪ねるとお米やプラムのタルトとコーヒーをふるまわれるの。みんなお腹がいっぱいになっちゃうのよね。

――村によっていろいろだけど、ケルメスには、競技大会が開かれることが多いのね。地域ごとに、いろんな種類の競技があるのよ。

炭鉱の町ボリナージュ(Borinage)では、毛糸のボールをグローブで受ける競技が盛んで、チームが名誉をかけて争うの。上手な選手は、町のスターになるのよ。ボリナージュの男には、ラクロスも重要で、上手な人はゴルフのチャンピオンみたいな人気者になれるのよ。こういうスポーツは、昔からずっと受けつがれてきた遊びで、たとえばテニスだって、昔は「ジュー・ド・ポーム（ラケット競技）」と呼ばれていたのよ。

田舎の町や村では、腕前を競う遊びが人気をあつめるの。みんなは九柱戯を見たことがあるわね。村の人たちは鉄でできた大きなピンに、重たい木のボールを投げて倒すのに夢中になるでしょ。みんな疲れを知らないわね。

フランドル地方には、ストライフスペル（struyfspel）という遊びがあるのよ。この遊びには一メートル四方くらいの箱を用意するの。家庭菜園の苗床くらいの大きさよ。そこに粘土質の土を敷きつめて、その上に枠をおいて、等間隔に綱をはるの。それぞれの枠には点数が決まっていて、真ん中の枠が一〇点なの。

競技者は、だいたい八メートルくらい離れたところから小さな真鍮の円盤をなげて、枠の土に突き刺すの。突き刺さらなければだめなのよ。円盤が獲得した陣地にしたがって、得点がきまるの。

でも、祭りの遊びのなかでも一番人気があるのは弓矢か、弩《いしゆみ》による射撃競争ね。この競技の歴史は古いわよ。昔は、弓を弾く人たちは地域の守備隊になって、聖ジョルジュや聖セバスチャン（Saint-Sébastien）というギルド（信心会）をつくっていたのよ。

ギルドや結社（serments）は、歴史も古くて、いまでもたくさん残っているの。愛好会のような集まりで、もちろん自衛軍なんかじゃないのよ。でも、刺繍のついたギルドの名入りの旗や、ギルドの「王さま」が身につけていたペンダントやプレートが残っているのよ。

とまり木撃ち（tirer à la perche）の名人

その昔、戦争なんかで村や町が危なくなった時には、ベフロワから早鐘が鳴って、自衛団の男たちに知らせたの。ギルドの仲間は、すぐに駆けつけて、町の城壁を守ったのよ。でも、戦いのない時は、ギルド仲間は集まって、弓の腕前を競い合っていたのね。

――ジャン＝クロードは、こんなことはとっくに知っているわよね。みんなに、あなたの知識を披露してみて！　その間に、私はちょっと休んで、勉強させてもらうわね。

――それじゃあマミー、聞いていてね。これは村で一番の射撃の名人ノエル・ランサールが話してくれたことだよ。それは「とまり木撃ち（tirer à la perche）」っていう、垂直に的を撃つゲームなんだ。的は、二十七メートルの高さの鉄の三段のとまり木で、そこに木でできた「小鳥」が、一段につき三十羽とまってるんだ。そして、そのてっぺんに「パプゲ（papegai）」という虹色の羽をした王さまの鳥がとまってる。

　弓の長さや重さは厳重に決められていて、射手は自分の弓をよく知っていなけりゃいけない。

射手は、とまり木から数メートルのところで、しっかり弓をかまえて、小鳥に的をしぼって、ゆっくり弓をひいて矢をはなつ。矢の先はしっかり角でガードされている。そうでないと矢の勢いが強すぎるので鉄や木でできたとまり木を壊してしまうからね。弓が当たると小鳥がおちてくる。ギルドの王さまを決める競技のときには、とまり木に「王さまの鳥」しか止まらせないんだ。

とまり木撃ち（tirer à la perche）の大会

ギルドの王さまになることは、射手にとってはすごく名誉なことなんだよ。ギルドの王さまには、その年のお祭りのときには、胸飾りをつけて町や村のお歴々に迎えられる権利が与えられるんだからね。

村のなかには、とまり木を野原の真ん中に立ててるんじゃなくて、鉄塔に立てるところもあるけど、それはあんまりきれいじゃないね。

——それじゃあ、つぎに的射《まとう》ち（tir au berceau）についても話してちょうだい。先月、ブリュッセルの叔父さんと参加したでしょ。

——的射ちの「紋章（blason）」と呼ばれる的は、二十フラン銀貨くらいの「バラ（rose）」という中心が描かれた同心円なんだ。

矢は、間違った方向に飛ぶと危ないから、的（berceau）の

弩で的を狙う名人

両側には厚い板の防御壁が用意してあるんだよ。的射ち（tir au berceau）では、弩《いしゆみ》が使われるんだよ。螺鈿《らでん》や銀の飾りのついた立派な弓もあるよ。大きな弩は十五キロもあって、扱うには熟練が必要なんだ。

強力なレバーの力をかりて、撃鉄《げきてつ》（chien）のフックにかかった弦をひきしぼって、矢羽根がついた鉄の矢じりの短い矢をセットして、三十二メートル先の紋章（的の中心）を狙うんだよ。

昔の戦争の時には、弩《いしゆみ》はおそろしい武器になっただろうね。弩を引くときには、誰も矢にあたらないように鐘が鳴るんだよ。

弩には、もっと小さくて軽い小型のもあるけど、飛距離はずっと短くなるよね。これを「とまり木撃ち（tirer à la perche）」に使う場合は、矢のかわりに十五か十六グラムの金属の弾か、焼き固めた粘土《ねんど》の弾を用意するんだ。

射撃大会はとっても面白いよ。射手の腕前は見事で、ぼくは、大きな重い弩をひいて、的のまんなかの「バラ（rose）」を三度撃って、三度射貫いた名人をみたことがあるよ。

――ありがとう、ジャン＝クロード。町や村の人たちは、いまでも伝承の競技を楽しんでいるし、フォークロアはみんなの暮らしの中に生きているのよね。あなたは、すっかりこの道の第一人者になったわね。

――マミー、こういう競技を見物にいったり、参加したりすることは、とっても素晴らしいね。町や村の人たちは祭りに夢中で、ほんとうに楽しそうだよ。射撃大会では、名人がギルドの王さまに選ばれたし、九柱戯やラクロスや円盤投げは、ブリュッセルのいとこたちが話しているサッカーやテニスの試合と同じくらい面白いよね。

――どちらも素敵ね。スポーツは、どれもこれも楽しいわ！　三人で楽しむようになれば、分かるわよ。

13 素人芝居と受難劇 *Théâtre populaire et mystères*

――マミー、いつか野外劇のことを話してくれたわね。

――そうね、演劇はとっても楽しくて、みんなを夢中にさせるわね。わたしたちの町や村のパレードは、どれもこれもスペクタクルよね。歩く演劇だわ！　観客の目のまえを新約聖書や旧約聖書のエピソードが生き生きと繰り広げられるのよ。

ティーゲム：カイフ礼拝堂の前で行われる野外受難劇

中世の昔に、素朴な演劇が生まれたの。そのころの演劇は、宗教の色合いを帯びていて、クリスマスの礼拝に荘厳な雰囲気を与えたり、素朴な信徒たちにクリスマスの意義をわかりやすく伝えるために、東方の三博士とか、羊飼いとか、マリアさまの受胎告知とか、ベツレヘムの厩とかを演劇にして見せたの。この演劇は、すこしずつ教会の外にでて、最初は教会の前が舞台になって、とうとう市庁舎前のグランプラスに大きな舞台を作って、聖書のいろんな場面を飾るようになったの。そして、どの町の広場にもキリストの受難の道行が登場したのよ。

この催しは、大切だったけど、とても費用がかかったの。なん百人もの人が協力しなくちゃいけなかったし、セリフも覚えなくちゃいけなかった。舞台装置も、衣装もアクセサリーも、音楽も必要だったのよ。観客は遠くからもやってきて、劇は何日も続いたの。それでも、だれも文句はいわなかったわ。みんなが、劇に出演することを誇りに思っていたし、その噂話でもちきりだったのよ。

フルネの受難劇については、もう話したわよね。この町の劇は、昔からの伝統を伝えつづけているのよ。教会は、昔の人たちが抱いていた素朴な信仰を忘れてしまったという理由で、受難劇の上演を禁じてしまったの。

でも、その名残りは残ったわ。たとえば、ドイツのバイエルン州の小さな町、オーバーアンメルガウ（Oberammergau）では、町の人たちの願いがかなって受難劇の上演が復活したの。劇を演じるのは、昔と同じ素朴な職人たちよ。町の人たちの熱意がこもって、素晴らしい劇が演じられるの。

オーバーアンメルガウの劇の復活に励まされて、ベルギーでも昔の受難劇の伝統を生かした劇が生まれて、あちこちに広がったの。たとえば、クルトレの近くのティーゲム村（Tiegem）やソトヘム（Sottegem）やマルシネル（Marcinelle）でも

ティーゲム：野外受難劇の最後の晩餐

ソトヘム：受難劇の〈嘆きの聖母〉

上演されたし、フランスではパリのノートルダム大聖堂前の広場でも演じられたのよ。

私たちの国では、ほかにタンクルモン（Tancremont）でも「本当の十字架発見の神秘」という劇が演じられたし、ブリュージュでは一九三八年に「聖なる血の神秘」が演じられ、フランスのシャルトル大聖堂の広場では「アダムの神秘」が上演されたのよ。

このフォークロアの演劇は、観衆全員が劇に参加して、劇を演じる俳優たちと心を一つにするので、とても感動的なの。キリスト教の受難劇の復活は、演劇の原点を思い出させてくれると思うの。

受難劇のほかにも、もう一つ本当の民衆演劇があるわ。それは舞台のかわりに、木々に囲まれた緑のなかで、土を踏んで、自然のなかで演じられる劇よ。空からは日差しが降り注ぎ、天井は雲なの。そして町の象徴のベフロワ前の広場で演じられる劇もあるわね。

14 ブリュージュの聖なる血のパレード

Mystère de la Passion et le Jeu du Saint-Sang

たとえばブリュージュでは、ベフロワ（鐘楼）とレ・アル（市場）を背景にして受難劇を演じる人たちが登場し、教会の鐘が一斉に鳴り響いて音楽をかなでて、この伝承の劇に参列するために千人もの人が集まったのよ。

ブリュージュ：べフロワの下で祝われる夜の〈聖なる血の祝祭〉

ブリュージュ：1938年の〈聖なる血の祝祭〉で十字架を担うイエズス・キリスト

そして、キリストの受難の場面が次々と演じられ、群衆は聖書に書かれた通りに「キリストに死を！」と叫んだの。でもカルワリオの丘のドラマは、人間は改悛の秘跡によって救われるということを教えたの。天使が十字架についたキリストの血を集め、その神聖な血はアリマテのヨゼフに託されたというの。ブリュージュに伝わる伝説では、この神聖な血をフランドル伯爵のティエリ・ダルザスが、一一五〇年にブリュージュにもたらしたことになっているの。そのおかげで、ブリュージュの町は栄光と富をきわめることになったのよ。

神聖な血の騎士たちと信心会（corporation）の人たちが、町の栄光を宣言して、日が暮れるとベフロワのイルミネーションが輝き、町の豊かさを示すの。やがて町が夕べの祈りに包まれて、神聖な血という聖遺物を聖地から持ち帰ったフランドル伯爵と十字軍兵士たちの帰還が告げられると、人々が喜びを歌い、ティエリー伯爵とその騎士たちを先頭に神聖な血の行進が始まるのよ。

一一五〇年に神聖な血がブリュージュに届けられてから、なんども戦争や危険があったけれど、町はいつも神聖な血に守られてきたの。町の人たちは、いつもキリストの血の力を信じてきたし、これからも信じ続けるでしょう。この象徴がどれほどの力をもつか、この祭りが、どれほど人々の心の奥底に響くか、わかるでしょう。

15 リュソンの聖エヴェルマーの受難劇

Saint-Evermard à Russon

――でもね、お祭りにはいつでも、こんなに深い宗教的な意味があるとはかぎらないのよ。もっと素朴な地域の伝説から生まれた、シンプルなパレードもあるのよ。

たとえば、トングル（トンゲレン）の近くのリュソン（Russon / Rutten）という小さな古い村の「聖エヴェルマー（Saint-Evermard）の祭り」は面白いわよ。多分、こんなお祭りは、ほかにはないと思うの。このお祭りに登場するのは、リュソンの村とその周辺の農民だけなのよ。

お祭りは五月一日に行われるの。お天気さえよかったら、リンブルグ地方のこの村に行ってみましょう。ワロン語とフラマン語の言語境界にある村よ。見物客がトングルやマーストリヒトからやってくるの。リエージュからくる人もいるわよ。この村では、リンブルグ訛りのワロン語が話されていて、この日は夕方からケルメスが開かれるから、屋台がたつのよ。

見物客たちが目指すのは、この地域の聖人伝説、聖エヴェルマー（または聖エヴェルメール）の

リュッソン：聖エヴェルモンの受難劇で、山賊を率いるハッコ

パレードよ。このパレードは、とても変わっているの。この聖人がいつ頃の人なのかは、よく分かっていないんだけれど、歴史好きな人たちは六七一年ぴったりに生まれたことにしているの。エヴェルマーは、オランダのフリースランド地方の豊かな家に生まれて、若い頃から敬虔な人として知られていたの。二十歳のころからあちこちに巡礼を試みて、ある時、巡礼のしるしの貝殻と杖だけをもって、仲間と一緒に徒歩で聖地をめぐりながらケルンに向かったの。そして聖セルヴェの聖遺物が祀られているマーストリヒトに向かう途中で道に迷ってしまったの。

とっぷりと日が暮れた森と荒野のなかで、エヴェルマーとその仲間たちが途方にくれていると、遠くに光が見えて小さな小屋があったの。

女の人が出てきたので、一夜の宿をお願いするとなかに入れてくれたの。彼らが巡礼で、よい人たちだと分かったからね。

「巡礼さんたち、どうぞ中にお入りなさい。パンを差し上げましょう。でも、ここはとても危ないところですよ。私の夫はハッコという血も涙もない盗賊で、五十人の手下を率いているのです。盗賊たちは、旅人たちを街道で待ち伏せて、この土地を通る通行税を巻き上げるんです。ハッコは、抵抗する旅人を容赦なく殺します。なにも持たず、通行税を払えない旅人には、怒り狂ってなにをするか分からないのです。

ハッコたちは、今朝から出かけていて、明日の朝にならなければ帰りません。今夜は、ラインの市にむかう商人たちがやってくることを知って待ち伏せているのです。ですから、夜明けまではゆっくりお休みなさい。私が起こしてあげますから、ハッコが帰ってくるまでに、ここを立つのですよ」

リュッソン：聖エヴェルモンの受難劇で、聖歌を歌う聖人と巡礼たち

こうして、エヴェルマーとその仲間たちは翌朝出発して、マーストリヒトに向かって道をいそいだんだけど、マーストリヒトはまだ遠いし、昨日は心配でよく眠れなかったから、途中の草むらで一休みすることにしたの。

ところが、家に帰ったハッコは、巡礼のしるしの貝殻が落ちているのを見つけてエヴェルマーたちが泊まったことを知って、怒りにもえて手下を連れて馬にのって巡礼たちの後を追いかけたの。

ハッコは、エヴェルマーたちの足跡を追いかけて彼らが休んでいる草むらにたどりつくと、はげしく襲いかかってたちまち皆殺しにしてしまったの。ハッコは、エヴェルマーたち

リュッソン：聖エヴェルモンの受難劇で、逃亡をはかりハッコと戦う巡礼

の遺体を放置して埋葬もしなかったの。

　でもね、広大なフランク王国の支配者となったシャルルマーニュのお父さんのピピン二世（六三五－七一四）が、狩りの途中に森で巡礼たちの遺体を発見して、埋葬することを命じたの。そしてエヴェルマーを埋葬しようとした時、遺体から超自然的な光が出ているように見えたの。そこでピピン二世は、エヴェルマーの遺体だけを特別に分けて埋葬し、お墓を造ったの。

　時はながれて、国のようすも次第にかわって、森は切り開かれて畑となって、そこには村ができたのよ。

　リュソンの村がこうして誕生して、十世紀には教会ができて、最初の司祭としてロズランという名前の司祭さんがやってきたの。そしてある晩、ロズランは、天使がエヴェルマーが埋葬された墓の場所をおしえる夢をみたの。信仰のあついロズラン神父は、翌朝、目が覚めると、さっそく聖人エヴェルマーの遺体をさがしあてて、教会に連れかえって丁寧に祀ったの。

　ロズラン神父はリエージュの司教にエヴェルマーの奇跡について手紙をかいたけど、司教はエヴェルマーの聖性は確実ではないといって、簡単には認めなかったの。この問題には、その後もいろいろあって、九六九年になって、司教は奇跡をみとめることにしたけど、疑いはまだ続いて、リエージュの聖職者たちは埋葬された死者たちの奇跡の報告を認めなかったの。

けれども新しい奇跡がおこって、村人たちがエヴェルマーの埋葬場所に建立した礼拝所をテオデュアン司教（一〇四八―一〇七五）が建てなおして、その時から「リュソンの祭り」とか「聖エヴェルマーの祭り」と呼ばれる独特のセレモニーが、毎年五月一日に祝われることになったの。この祭りは、リュソンの村人が演じる神秘劇なのよ。

その日は、朝から聖遺物をおさめた聖櫃が教会に登場して礼拝を受けるの。そしてパレードの準備が整うと、まず聖エヴェルマーの殉教をえがいた旗を先頭に、「聖エヴェルマー信心会」のメンバーが続き、次に昔からの射手のギルドのメンバーが胸飾りをつけた隊長を先頭に姿をあらわし、その後に巡礼のマントを身につけ、貝殻と瓢箪と鈴をもった聖エヴェルマーの彫像が登場するの。

ここまでは、どこの町や村でも見られる守護聖人のパレードなんだけど、リュソンのパレードはちょっと違うの。エヴェルマーとその仲間の巡礼八人が、黒い上着に短いキュロット、白いストッキングとフェルトの靴をはいて現れ、その腰には皮のベルトに木のロザリオをつけているの。

でもエヴェルマーだけは白い鈴をつけて、そのチュニックはフリーズで、皮のベルトで絞られているの。白い頭巾のついた袖なしマント姿で、頭巾には巡礼の貝殻がついているの。そして、その後を八人の守護の天使が、背中に羽をつけて白い衣装をまとって、手にはツゲの枝をもって続くの。

聖櫃の山車には司祭がミサの杯を手にして座り、続いてモンスの祭りで見たような、森の緑をまとい棍棒を手にしたグリーンマンがやってきて、さらに恐ろしいハッコを先頭にして、太った農馬にのった五十人の山賊が続くの。山賊は白いズボンに、緋のジャケット、黒いゲートル、赤い羽飾りのついた山高帽（chapeau girondin）をかぶっている。恐ろしいハッコを演じるのは優しい顔の農夫で、金ボタンのチュニックを着て、騎馬部隊の下士官みたいにサーベルを光らせて一隊を指揮するの。

パレードの行く手には、花ではなくて枝の主日と同じツゲの枝が投げられるのよ。

村の通りをパレードし終わると、聖エヴェルマーの礼拝堂に帰って、そこで司祭がミサをあげるの。そして午後になると、リュソンの祭りに独特な劇が「聖なる草原」で繰り広げられるのよ。

草原の中央には奇跡の泉と呼ばれる泉があって、聖エヴェルマーとその巡礼仲間はその周りで輪になってフラマン語で昔の古い巡礼歌を歌うの。この歌が響くと、馬に乗ったハッコの部下たちが草原を取り巻いて、三周してから草原に入り、三方を駆け巡るの。巡礼仲間は礼拝堂に近づいて、聖エヴェルマーに祈りの歌を捧げるの。

するとその時、ハッコは追跡してきた巡礼を見つけてエヴェルマーに近づき、通行税を払わずに領地を通ったことを責めるの。エヴェルマーは自分たちの過ちを謝罪し、聖セルヴェの聖遺物に祈りを捧げるために、マーストリヒトに向かって旅を続けることを許してほしいとハッコに頼むのよ。

盗賊たちは、その願いにまったく耳をかさず、かれらの脅迫はますます切迫してくるの。

その脅迫に耐えられなくなった一番若い巡礼が逃げようとしたために、追跡劇が始まるの。

ハッコと盗賊たちは、シカを狩人が追いつめるように若者を追いかけて、若者はハッコたちの目を逃れようと藪に身をかくすけれど、最後には巡礼杖をふるって果敢に防御するの。騎乗の追撃はつづき、最後にハッコは銃をとりだすの。モンスのリュムソンで、聖ジョルジュがドラゴンと戦ったのと同じように、ハッコは若者が倒れるまで銃を三発うつのね。

こうしてハッコは若者を倒し、山賊の部下の一人が鞍に若者の遺体を乗せると、すべての山賊はエヴェルマーとその巡礼仲間のところに戻ってくる。仲間の死を遠くから目撃して、どのような運命が待ち受けているかを知った巡礼たちは、もはや逃げようとはせずに、おとなしく殺戮されてしまうの。

彼らの死体は草原に横たわり、山賊たちは容赦なく彼らに襲いかかるの。

そして、ようやく静けさが戻ると、白い翼を持った八人の天使がゆっくりと前に出てきて、手にしたツゲの枝を亡くなった巡礼者の遺体の上に置くのよ。

これは、たしかに受難劇だけど、お祭りの見世物のような楽しさもあるわね。これを見ると、なぜリュソンの司祭さんが、何世紀ものあいだ変わらないこの村のフォークロアの伝承を守ってきたかわかるでしょ。リュソンやフルネのサンプル＝ムーズ地方のパレードに登場する人たちは、みんなそれぞれ自分の演じる役割に誇りをもっているのよね。

町や村のそれぞれの家族が、たとえば巡礼役のように、決められた役を代々引き継いで演じていくのよ。みんなが、昔からの伝承や演じる役柄にこれほど熱心に従っている所はほかにないわね。

16 子どもたちの遊び *Jeux d'enfants*

――でもマミー、子どもたちにも昔から伝えられた遊びがあるでしょ？

――子どもの遊びのフォークロアね。たしかに、それはとても興味深いテーマね。ちょっと視野を広げてみれば、いろいろあるわよ。あなたたちは、おもちゃが大好きでしょ。お話をする人形とか、電気機関車とか、モーターボートとか、いろいろあるわね。

昔の子どもは、それを手作りしたものよ。もちろんお店で買ったおもちゃにも仕掛けがいっぱいあって、男の子も女の子も大喜びしたのね。

――おもちゃの兵隊さんも、勢ぞろいしていたよね。

――男の子には、おもちゃの兵隊さんは大人気だったわ。木のサーベルは研ぐこともできたし、わら鉄砲もカッコよかったわ。隊長は馬にのって、新聞でつくった二角帽子をかぶっていたし、雄鶏の羽までつけていたわね。

あとはみんな空想の世界の出来事よ。わたしは九歳のときにナポレオンの軍隊の食堂で働いたの。ナポレオン役は十三歳のお兄さんだった。わたしの制服は、古いランプシェードで作った帽子とブリキ缶でできた小さな樽だったのよ。

——素敵だね、マミー！　もしぼくがナポレオンだったら、勲章をあげたと思うよ。

Au Théâtre dont les acteurs sont de bois

V　人形劇

1 マリオネット

Les marionnettes

――今日は人形芝居の話をしましょうね。町の人たちが大好きだった人形劇場も、いまではすっかり姿を消してしまったし、ほんのたまにしか、人形芝居にはお目にかかれないわね。でも私の子ども時代には、とっても楽しみで、ずいぶん人形芝居のお世話になったものよ。なにしろ私はリエージュ生まれですからね、あなたたちにも人形芝居の楽しみをお話しなくちゃね。なんといってもマリオネット（marionnettes）ね！　この言葉を聞くとすぐに、人形芝居の世界を思い出すわ。いつも木の人形たちのお話が蘇ってくるの。

人形芝居の一座は、町から町を旅して歩いて、四つ辻とか広場とか人が集まりやすい場所に小さな芝居小屋を作って、たちまちのうちに見物客を集めるの。小屋の出し物はいつも同じだけど、いつもどこか違うのよ。

リエージュ：人気者のシャチェとナネスを称える子どもたち

主人公は誰でも知っていて、ナポリでは

ポリッチネル（Polichinelle）、リヨンではギニョル（Guignol）、ミュンヘンではガスペル（Gasperl）、アムステルダムではヤン・ペッケルヘリング（Jan Pekelharing）、ロンドンではパンチ（Punch）って呼ばれるの。

ベルギーでは、そうね、町ごとに違うの。トゥルネのポリジネル（Poriginelles）はアントワープのプシネレン（Poesjenellen）の親戚だし、ブリュッセルのヴォーチエ（Wooltje）を、リエージュのチャンチェス（Tchantchès）とナネス（Nanesse）という不滅のカップルと間違えてはいけないわ。モンスやヴェルヴィエのベチエーム（Betièmes）という人形芝居のクリスマスの出し物は、とっても素朴で、詩的で感動的で、見る人みんなの心をとらえたから、その季節になるとみんなが見に行ったものよ。

2 リエージュの人形劇場と人気者のシャチェとナネス

Les théâtres et les types liégeois : Tchantchès et Nanesse

いまから三十年か四十年前のリエージュには、町のほとんどの地域に人形劇場があって、全部あわせると十軒くらいになったと思うわ。一番有名なのはウートルムーズ地区のロテュール通りの古い劇場だけど、劇場は、どれも立派なものじゃなくて、明るく電灯が照らしてるわけじゃないの。天井の低い部屋の正面に舞台があって、木のベンチが階段状にならんで、観客がそこに腰

リエージュ：マリオネット劇の登場人物

リエージュ：ワロン民俗劇場の三人のシャチェ

掛けるわけ。入場料は一スーくらいで、とても安かったわ。

舞台は、床から数センチの高さ、幅三メートル、奥行きは一メートル半くらいだったかしら。この舞台上に恐ろしい部隊があらわれて、激しい戦闘を繰り広げるのよ。幕が上がる前から、近所の子供たちがベンチ席に殺到して、これから何がおこるかドキドキして待ちかまえていたの。

人形劇場の出しものは、たいてい騎士物語で、たとえばシャルルマーニュの母親の「大足のベルト」とかサラセン人と戦った「デンマークの英雄オジエ」、「エイモン公の四人の息子」とか「魔法の馬バイヤール」なんかは、どれも壮大な物語で感動的だったの。

演目には神秘劇が二つあって、一つは「主イエズス・キリストの受難劇」、もう一つは「キリスト降誕劇」で、受難劇は復活祭に、降誕劇はクリスマスに上演されて、とてもたくさんの観客を集めたのよ。

私も、いつもドキドキして劇場に出かけたわ。人形芝居が大好きだったから、人形たちの言葉や仕草を聞きもらしたり、見のがしたりしないように、いつも最前列のベンチに紛れこんで見入っていたの。

言っておくけど、リエージュの人形芝居の人形は、立派な彫刻家の作品なんかじゃないし、スタイルも決まってるわけじゃないのよ。身体は不格好だし、頭は木のブロックを粗削りしただけのものよ。身体の大きさは、それぞれの役柄によって決まるからバラバラなの。だから、巨人は一メートル半もあって、シャルルマーニュは一メートル二十センチ、シャルルマーニュにやっつけられる王さまは九十センチ、お供の騎士たちは五十センチという具合ね。こういうことは、お決まりで、だれも文句は言わないの。そして、衣装だって登場人物の格によって決まるのよ。

リエージュ：フランス宮廷を訪れたシャチェとナネス

体重も、身長によって決まるの。たとえばシャルルマーニュが十五キロだったら、隊長は十二キロくらいで、兵隊は二キロしかないのよ。

人形を操る人形の使い手は、こんなに重たい人形を一晩中相手にするんだから、とてもたいへんだったと思うわ。

それぞれの人形の頭には釘が打たれていて、鉄のワイヤーが結びつけられているの。そして人形使いは、このワイヤーで人形を操ってお芝居を進めるの。頭のワイヤーは、肩のうえで首を左右に振ることしかできなくて、腕は両脇にたれさがっているか、振り回されるだけよ。

たとえば、十字軍とサラセン人の軍隊が戦う場面では、人形使いはそれぞれの陣営の六から八人の兵隊のワイヤーをつかんで、激しくぶつかり合わせるの。舞台は、すさまじい乱闘になって、舞台にはたちまち死体が散乱して山を築くの。もちろん、この戦闘にやぶれて逃げだすのは異教徒よ。

そしてここに、リエージュの人形芝居には欠かせないお待ちかねのキャラクター、シャチェ（Tchatchés）が登場するのよ。シャチェは、皮肉屋で、お人よしで、笑いの王さまで、人なつこくて、ばかげていて、田舎言葉が爆発するの。この重たい木靴に白い靴下、青い上っ張りに古いキュロット、山高帽子の出で立ちは、農夫の息子シャチェのトレードマークよ。

シャチェは、終わったばかりの劇を観客にむかってコメントし、観客と愉快なやりとりをして、劇をひきたて、恐ろしい巨人や皇帝や王妃に軽妙な言葉で語りかけるの。シャチェは、怒りっぽい性格で、酒好きで、何かにつけて亭主を叱りつけるおかみさんのナネスとの滑稽な夫婦喧嘩の場面でも、負けてはいないの。子どもの頃、私はシャチェが大好きだったわ。シャチェの大きい〈シャチェ鼻〉、彼のユニークな鼻を忘れることができないわ。

シャチェは、子供たちを笑わせたいときには、舞台の前に出てきて、大きな声で「ぼくの鼻にさわりたいかい」って訊くの。そうすると、劇場のあちこちから一斉に声があがるの。「ぼくだよ、シャチェ！　私よシャチェ！」するとシャチェは、こう言うの。「いくら払ってくれるかな？」そうすると、みんなが値段を叫ぶのよ。

私はね、子どもの頃に一度だけシャチェの鼻にさわったことがあるの。ロテュール通りのレオポルド劇場でのことよ。けっして忘れることのできない思い出だわ。その時、私は彼の上着のポケットに二スーのコインをすべり込ませたの。その頃の私には大金で、代母のおばさんにもらったのよ。私は、それを夢見ていたし、その思い出をあちこちで話したわ。シャチェの大きな木の鼻をなでて、つまんでみたのよ。すごいじゃない！　それからずっと、この話は家族の語り草になったのよ。いまでは、このシャチェの銅像がリエージュの町に立っているわ。

3 ❦ トゥルネのポリジネル

Les porigineles tournaisiens

——トゥルネの「トゥルネ博物館（Maison Tournaisienne）」には、行ったことがあるかしら。

——ええ、マミー、行ったことがあるわ。博物館のなかに「ジョリオ劇場」と書かれた人形劇場（Guignol）があって、憲兵と悪魔のあいだに人形が並んでいたわ。

——よく覚えていたわね。ジョリオは、昔トゥルネで人気のあった人形使いの一家で、四十年くらい興行していたの。ジョリオ一座のポリジネル（Poriginelle／人形芝居）は、とくに「美女イザベル」のような時代劇がヒットしたのよ。人形たちは、リエージュの場合と同じで、演じる役に見合った大きさで、頭の釘につけたワイヤーで操られたの。もちろん「ジョリ」とか、「ヒゲの王さま」とか、「カカヌヌー」とか「バルーフ」とかトゥルネ独特のキャラクターもいたわ。でもトゥルネで一番の人気者は、リエージュのシャチェと同じくズルくて、おしゃべりで、悪戯で、ケンカ早いジャックという道化と、女将さんのナネスよ。ナネスも、リエージュと同じタイプね。

トゥルネ：トゥルネ民俗館で演じられる人形劇（ギニョル）

4 ヴェルヴィエのベティエーム

Le bétième verviétois

子どもの頃、クリスマスにヴェルヴィエのおばさんの家に遊びにいくと、かならず「ベティエーム（bétième）」を見に行ったわ。ベティエームは、もちろんベツレヘムのことで、救い主キリストの降誕劇のことよ。

ベティエームは、人形使いが人形を操る劇場ではないの。それは細長い部屋で、カーテンがかかった舞台があって、子どもはカーテンをくぐって入り込んで、ガラスケースのなかの人形を自分であやつるのよ。ケースは二十くらいあって、いろんな場面の人物が動くの。

こちらにヨゼフがマリアと結婚する神殿があれば、となりにはヘロデ王の宮殿があって、そこから子どもたちを殺すために兵士が出てくるの。そしてキリスト誕生の部屋があって、そこには今のヴェルヴィエの普通の家の家具がそろっている。それから羽根が回転する風車があり、マリアさまの祈りの場面があって、エジプトへの脱出の場面がつづくの。こんな風に、処女マリアの結婚から、キリストを否認するペテロに移り、キリストの受難が予告されるの。

このキリスト降誕から受難までの絵巻には、老婦人がつきそっていて、子どもたちにバトンで指し示しながら、歌うようにキリストの生涯を説明してくれるのよ。説明には、韻を踏んだ詩編の名残りがみられるわね。

人形は、決められたレーンにそってスライドするから、子どもたちは自由に人形の位置を変えることができるのよ。ヘロデの手下たちは、小さな回り舞台に乗ってるから、それを動かすこともできるの。騎馬兵たちは、馬の脚にしかけられたバネのおかげで、疾走するように見えるの。時々、カーテンのむこうに隠れた歌手が、ワロン地方の素朴で美しいクリスマスソングを歌うの。

ヴェルヴィエの「ベティエーム」は、いまでもあるわよ。

5 ❦ モンスのベティエーム　*Le bétième de Mons*

モンスでも、人形芝居は「ベティエーム」って呼ばれるのよ。というのは、昔のモンスの人形芝居はクリスマスにしか上演されなかったからね。でも、リエージュやトゥルネと同じように、だんだんレパートリーがふえてきて、「ブラバントのジュヌヴィエーヴ」とか「リヨン通信」とかメロドラマが上演されるようになってきたの。

モンス：現代版の人形劇

モンスのいたずら小僧たちも、ガイヤルモン通りやサンポール通りの「ベティエーム」で「アリババと四十人の盗賊」が上演されるときは、ぜったい見逃さなかったはずよ。だけど残念なことにラジオ放送なんかの（メディアの進歩の）おかげで伝承の人形芝居は姿を消してしまったの。いろんなものが消えてしまい、最後の「ポリシネル（Porichinelles）」は、みんなの伝承の思い出の中にしか生きていないのよ。

6 ブリュッセルのプーシュネレン

Les pouchenellen de Bruxelles

ブリュッセルでは、人形芝居がまだ上演されてはいるけど、昔は、オート通りとジュー・ド・バル広場の絵のように美しい下町の狭い路地や路地裏に、十五軒以上の人形劇場があったの。地下倉みたいな劇場で「プーシュネレン（pouchenellen）」が、いつでも上演されていたのよ。路地裏の劇場の低い天井桟敷に、観客が押し合いへし合いしている光景を想像してみて！

人形芝居は、子どもたちだけのものではなくて、お父さんやお母さんがついてきたの。一つか二つしかないオイルランプが照らしだす暗がりの中で、タバコを吸って、オレンジを食べて、歌って、声を交わすのよ。ブリュッセルの人形芝居の人形は、大きめだけどよくできていたわ。操り糸で腕も動かすから、動作もかなり自然に見えたわ。「プーシュネレン」の人形芝居には、有名な王立トゥーン劇場（Théâtre Royal de Toone）があって、いまでもまだ続いているわ。

昔の「トゥーン座」は、いくつもあったブリュッセルの人形劇場の一つだったけど、その出し物がとてもヒットして、近隣の人たちだけでなく多くの観客を集めるようになったの。トゥーン座は、年によっては四百も五百ものレパートリーを上演したのよ。リエージュやトゥルネやモンスのように、騎士道物語も上演したけど、レパートリーにオペラも加えて、なかなか評判がよかったの。

ブリュッセル：トゥーン劇場で演じられる「騎士パルダイアン物語」

人形使いという仕事には、つみかさねた熟練と、よい記憶力と、軽妙なアドリブの能力が必要ね。きちんと書かれた台本はないのよ。あるのは、劇のあらすじと、導入と終わりの場面だけなの。セリフはとってもシンプルで、あとは人形使いのアドリブなの。セリフを話す順番がくると、声色を使ったり、声のトーンを変えたり、フラマン語やワロン語やマロリアン語（ブリュッセル方言）を使い分けて、一人で何役も演じて、舞台を盛り上げるのよ。

みんなが待っているご当地の人気者が登場すると、観客の喜びが爆発するわね。観客のエスプリとユーモアとアイロニーを体現した登場人物、リエージュのチャンチェス（シャチェ）、ヘント（ガン）のピエロと同じ、ブリュッセルのウールチ（Wooltje）のお出ましよ。

ウールチが登場すると、笑いは最高潮を迎えるわ。もう笑いの渦はとまらない。ウールチは観客に呼びかけ、観客はその呼びかけに答えて、劇の世界に入り込んで一役演じるってわけ。

7 アントワープのポジェネーレン・ケルダー *Le poesjenellen kelder à Anvers*

――私が、アントワープの人形芝居のことを知ったのは、みんなと同じくらいの年の頃にアンリ・コンシアンスの『フランダースのライオン』を読んだからよ。コンシアンスの『青春の思出』には、「地下室でみた人形芝居（poesjenellen kelder / cave à polichinelles）」の上演のことが生き生きと語られているの。これを読むと、フランドルの人たちが地下の劇場が大好きだったことが分かるわ。観客は、船乗りや、船頭や、見習い水夫や、港の魚屋だから、ちょっとドギツイ演出や、荒っぽい言葉づかいや、ヒーローにぴったりの立ち回りが必要だったのよ。

アントワープの人形芝居には、シャチェの鼻よりも目立つ立派な鼻や頭や目つきが特徴で、裏切り者とか暴君とかのトレードマークだったのよ。

劇の出し物は、ブリュッセルやリエージュとあまり変わらなかったの。騎士道物語では、白ヒゲのシャルルマーニュが、

アントワープ：ステルクスホフ座（sterckxhof）の人形劇場の人形たち

キリストの敵のサラセン人と戦ったり、反乱軍を鎮圧したりするの。神秘劇や聖人伝では、いろんな時代や背景が入り混じって、素朴で優しい古き良き時代が再現されるの。シャルルマーニュに従った騎士のロランが、ジュヌヴィエーヴ・ド・ブラバンにワーテルローの戦いでの武勇伝を語り、戦いではルイ十四世やナポレオンに味方する。キリストの降誕劇（bétième）では、羊飼いが敵のヘロデ王に、キリストの誕生を知らせる電報を打つの。

こんな筋書きは、いまでも変わらないでしょ。人形芝居の観客は、「歴史的真実」なんかお構いなしよ。過去は、伝説の宝庫で、楽しい空想の世界をいろどるヒーローや有名人でいっぱいなの。こういう人形芝居の世界に、いまでも子どもたちが夢中になってくれると、とっても嬉しいわ。少し前にパリに行ったときのことだわ。土曜日の午後に、リュクサンブール公園を通ったら、素晴らしい人形劇場（théâtre de Guignol）に出会ったの。二百人もの子どもたちが、目をかがやかせて、耳をそばだてて、道化（Guignol）とお巡りさんの言い争いに夢中になっていたの。もちろん、最後には道化がお巡りさんをやっつけるのよ。劇場いっぱいに、笑いがあふれかえって、歓声がとまらないの！

こんどみんなで人形芝居のスペクタクルを見にいきましょうね。わくわくして、たちまちのうちに劇の世界に呑み込まれてしまうわ。人形たちが木で出来ていることや、頭に糸がついていることは、すぐに忘れてしまって、ファンタジーと伝説の世界に飛んでいくのよ。

Voyage au Pays des Géants

Ⅵ　巨人たちの国への旅

1 ベルギーのいろいろな巨人

――ねえ、ニネット、ジャン＝クロード。「ガリバー旅行記」は大好きでしょ。

――そうだよ、マミー！　すごく面白いよ。ガリバーは「リリパット」っていう小人の国に行くんだよね。

――そして、どうなったの？

――つぎにガリバーは、巨人の国「ブロブディンナグ」に到着するんだよ。

――それじゃあ、今日はガリバーみたいに、巨人の国につれて行ってあげましょうね！

――でも巨人は、私たちを踏みつぶしたり、ポケットに入れたりしないわよね？

――それじゃあ、最初に注意事項をお伝えしましょうね。巨人たちは、自分たちの平和を守る同盟軍をつくっているのよ。それは、私たちの国をぐるっと一巡りしてみなければ分からないわ。なぜって、巨人のカップルは、ベルギーのいろんな町に分かれて住んでいるんですもの。だから危ないことは一つもないのよ、マリー＝ジャンヌ。

――そうよ、マミー。私は怖くないわ！　巨人は、みんなの笑いものよね！

――巨人が笑いのタネですって、とんでもないわよ、マリー＝ジャンヌ！　そんなことをアト（Aht）やトゥルネの人にいったら大変よ、みんな自分のまちの巨人を誇りに思っているんだから。

ブリュッセル：この巨人と比べると人間はリリパット国の小人のように見える

クルトレ：巨人マンテンとカール

でも、ここだけの話だけど、あなたは完全に間違ってるってわけじゃないわね。

ベルギーの巨人は、それぞれの町の決められた祭りの日とか、特別な行事の日にパレードする大きな人形ですものね。

でも、面白いのはその長い歴史と数の多さよ。巨人は、ベルギーのフォークロアのなかでも、一番の豊かな歴史をもつ伝承で、これらも消え去ることはないし、ますます元気になっていくでしょう。最近になっても、伝統がとだえて消えてしまった巨人が復活したり、これまで巨人祭りのなかった町に巨人があたらしく生まれたりしているのよ。ときには、ベルギー中の巨人があつまって観客の前を練り歩く「巨人大集合」のイベントも開かれてみんなを楽しませることもあるくらいよ。

ブリュッセルにはジャヌケ（Janneke）とミケ（Mieke）がいるけど、二人はティルルモン（ティーネン）のヤン（Jan）とミー（Mie）の仲間ね。

ワーヴル（Wavre）にはジャン（Jean）とアリス（Alice）がいて、ハッセルトのランゲマン

（Langeman）とドン・クリストフは、山車にのってブリュッセルまで旅をしたのよ。

クルトレのマンテン（Manten）とカール（Kalle）にも挨拶しなくちゃね。

ナミュールにはゴリアテとその妻と三人の子どもがいるし、ブレーヌ＝ル＝コントには、ボードゥアン四世と王妃のアリックス・ド・ナミュールが登場し、ヴィルヴォルド（Vilvorde）の四人の巨人には「フープ・サーサ（Hoep Sa-Sa）」という人形が付き添っている。数年前に結婚したユックル（Uccle）の巨人、騎士ジャンとルリ公爵夫人も登場する。

ボワフォール（Boitsfort）の巨人は、ブラバント州の狩猟官の制服を着て角笛を手にしている。イーペルの巨人ゴリアテは、巨人のなかの巨人で、背丈は七メートル半もあり、体重は一五〇キロもある。

ブリュッセル：メイブーンに登場する2人の巨人

イーペル：ベルギー最大の巨人ゴリアテ

アロストの巨人ポリドール
(Polydoor)

ニヴェル：巨人アルゲヨンとアルゲヨンヌ

ニヴェルのアルゲヨンとアルゲヨンヌとその子どもたちは、「リフ・トゥー・ジュー」「ブロック・ア・レイ」「アンラジ」「レポントール」という気の利いた名前の大砲をもった護衛隊を従えている。

巨人には、ニヴェルの町を守るためにベフロワに潜んでいる不滅のジャン・ド・ニヴェルがベフロワから降りてきて合流する。

アロスト（Alost / Aalst）では巨人たちには、ポリドール（Polydoor）とポリドラ（Polydora）とポリドルク（Polydoorke）が加わるの。

それでも、巨人の一族はトゥルネより少ないのよ。トゥルネでは、巨人のシルデリック（childeric）、クリスティーヌ・ド・ララン（Christine de Lalaing）、ルイ十四世とトゥルネ王妃（Reine Tournay）、ルイ十八世と「赤い首飾り」「青い首飾り」と呼ばれるサラゴス（Sarragos）が登場するのよ。とにかく、すごいのよ。

ほかにオーステンデ、グラモン、ロケレン（Lokeren）、マリーヌ、リールにも巨人がいるし、モンスにも巨人の仲間のドラゴンがいるわよね。それにアルデンヌも忘れられないわ。ジャン・ド・マディ（Djean de Mady）とジャンヌ（Djeanne）と、ヴィルトン（Virton）の巨人がいるわ。

2 ⚜ グーヤス夫妻の結婚　*Le mariage de M. et Mme Gouyasse*

——でも、ぜったいに忘れちゃいけないのは、アト（Ath）の町のグーヤス（Gouyasse）夫妻のカップルね。二人の結婚は、巨人たちの間でも評判だったのよ。

もし機会があったら、ぜひアトのお祭りに行って見ましょうね。ワロン地方でも一番素晴らしいお祭りだし、私たちの国のフォークロアのなかでも、きわだった特徴をそなえているのよ。アトのデュカスは、八月の四番目の土曜日なの。

その日、デュカスに行くと素敵なおもてなしをうけるのよ。私たちは「グーヤスのタルト」と呼ばれる美味しいマステル・タルト（tarte à mastelles）を食べることができるの。

アト：巨人たちのデュカス出発準備

アト：聖ジュリアン教会の塔の前で行われるグーヤス夫妻の結婚式

お昼ご飯を終えて、三時になると町の塔の鐘が「巨人グーヤス」のメロディをかなでるの。それが合図で、市庁舎の正面広場から、婚礼のパレードが出発するのよ。

パレードの先頭はブルーで、二十一歳なの。青いすそに赤い胸当てをして、白のスーツを着ているの。ブルーの指揮官は、胸をはって、指揮をとるの。

巨人ゴリアテを倒したダビデは、旧約聖書で見るように小さな羊飼いで、白い衣装で羊の群れを導く杖を手にしているわ。

その後に、パレードの主役のゴリアテとフィアンセがゆっくりと続いて、時々跳ねたり、踊ったりして観衆に挨拶するの。この二人はもうすぐ結婚式をあげるのよ。

身体が大きいから、上手には歩けないけど、広場の鐘の音に合わせて進むの。ゴリアテは真鍮の兜をかぶった立派な戦士で、獅子の飾りをつけ、木のサーベルを帯びているけど、一番すごい武器は肩にかついだ重い鉄の棍棒で、戦いになるとこれで相手を打ちのめすのよ。

もうすぐゴリアテの妻になるマダム・ゴライアスは、白いベールと長い髪を風になびかせて、オレンジの花を冠につけているの。彼女は、パレードの出発前にゴリアテが差し出した花束を、大切に胸に抱いているのよ。

パレードはゆっくりと進んで、時々二人が立ちどまったり、ダンスを踊ったりすると、ブルーがマスケット銃で祝砲を撃つの。そして、カップルがサン＝ジュリアン塔の近くに到着すると、塔の扉の前で夕べの祈りが唱えられて、二人の婚礼の儀式が終わるのよ。

昔は、日曜日にパレードをしても、日曜日には教会のミサに参列する方が大切だったから、行列がサン＝ジュリアン塔の前に着いても、夕べの祈りをする司祭さんも信者たちもいなくなってしまうリスクがあったらしいの。そこで、賢い人が土曜日にパレードをして夕べの祈りをすることを思いついたそうよ。そして、今もそれが続いているらしいの。

それに、十八世紀のはじめ頃まではゴリアテは独身だったので、アトの町の賢い人が、ゴリアテのために婚約者を選んで、教会で結婚式をあげさせることを思いついたという話もあるの。アトでは、その時から毎年サン＝ジュリアン教会で「グーヤスの結婚式」を盛大に祝うことができるようになったそうよ。

ゴリアテとゴライアスの結婚式が終わると、パレードは、お約束どおりグランプラスに向かって、巨人の物語の二番目のエピソードが始まるの。聖書に書かれたとおりの羊飼いのダビデと巨人ゴリアテの決戦よ。

ダビデにゴリアテが負けたので逃げ去るペリシテ人は登場しないけど、巨人とダビデは、素朴な調子で、語るように、歌うように対決するの。羊飼いの少年ダビデは、背丈では及ばないけれど、大きな鉄の棍棒で敵をたたきつぶそうとするゴリアテの前にすっくと立つの。最初に、口を開くのはゴリアテよ。

さっさと逃げ去れ、この犬め
俺さまに、つきまとうな
石ころなんか手にもって
生きているのが、いやになったのか？

天の神に守られているダビデは、恐れることなくゴリアテに答えるの。

かかってこい、ヘブライ人の敵よ！
神をののしる、暴徒どもよ！
常勝の神に守られた私は
その強い手のおかげで、敗れることはない。

こんなやりとりを一、二度、交わした後に言葉の戦いは終わり、ダビデは英雄らしく決断して、腕を上げ、ゴリアテめがけて「アトの石」と呼ばれる小さな白い石を投げつけるの。この石がゴリアテの目に一発であたったら、ダビデは市長さんからご褒美がもらえるのよ。でも、石はめったに当たらないんだけど、ゴリアテのライバルは勇ましく勝利を宣言するの。

悪者め、まいったか！
石はおまえの目をつぶした。
神のご加護を思い知れ！

こう歌うダビデにむかって、立ちつくすゴリアテは、こう答えるの。

俺は、まだくたばるものか！（私はまだ死んでいないぞ）

セレモニーは終わりに近づいて、一時間まえに結婚したグーヤス（ゴリアテ）とマダム・グーヤス（ゴライアス）は、それぞれの家にもどって、来年の再婚まで待つことになるのよ。

3 ❦ アトの巨人パレード（八月の四番目の日曜日）

翌日のデュカスの日曜日には、お祭りが再開され、新しいパレードが町を行き、そのパレードを一目見ようと観衆がおしかけるの。

消防隊員のドラムが鳴り響いて、巨大な双頭の鷲が背中に赤い手綱を手にした子どもを乗せて登場し、パレードが始まる。鷲の後には、ダンドル川の船頭が乗った「ナポリ漁師の舟」の山車が続き、その船首では二人の水夫が鎖につながれた野蛮人を監視しているけれど、野蛮人は棍棒を振り回しているのよ。

パレードに登場する最初の巨人は、聖書に登場するサムソンで、フランス衛兵の制服を着て羽飾りをつけているのよ。それでも巨人はトレードマークのロバの顎の骨と神殿の柱を手にしているからそれと分かるわ。サムソンの周りには、サムソンと同じ格好をしたブルーの衛兵がいて、時々マスケット銃で祝砲を撃つの。

山車の後ろからは、アンビオリックス（Ambiorix）という別の巨人がやってくるの。アンビオリックスは、ゴール人の勇敢な首領で、目つきが鋭くて、巻き毛で、長い髭をのばしているの。狩猟の帽子を深くかぶって、肩までたれているの。赤いマントを着ているわ。アンビオリックスは、アトの射手を率いているから、弓と剣で武装しているの。

彼は、ものすごく印象的な巨人で、乱暴者だったに違いないわ。

それから一つか二つの山車が通って、その後に、伝令を先頭にして藤色、黄色、白というアトの町の色を身につけた三番目の巨人、マドモワゼル・ヴィクトワール（勝利のマドモワゼル）がやってくるの。鉄の鎧をつけ、手には剣をもち、兜をかぶり、藤色のチュニックを羽織って、エノー地方のすべての都市を代表するアトを守る誇りと気概をもって進んでくるの。その昔、アトは伯爵領の都市連合のなかでも抜きんでた存在だったのよ。

マドモワゼル・ヴィクトワールに敬意を表しましょう。なぜって彼女は、すべてを従える力をもっているのよ。

その後にまたアルベール大公とイザベル王妃の治める九つの地域の山車がやってきて、最後にとうとう昨日の土曜日の主役、グーヤス夫妻が登場して、激しいリズムにのってダンスを踊るの。グーヤス夫妻は、モンスのパレードと同じように、緑の葉でおおわれて棍棒をもったグリーンマンと、悪魔のマニョンを従えているの。悪魔のマニョンは、角をはやした恐ろしい顔つきで、手には豚の膀胱の風船をもって、無礼な連中をこらしめて、観衆を震え上がらせるのよ。

こうして、アトの巨人のパレードは終わるの。話をきいただけでワクワクするし、巨人たちが、アトの人たちにどれほど愛されているか分かるでしょ。アトの人たちは、巨人たちを昔からの友だちみたいに思っているし、祭りを大切にしているのよ。

巨人たちの踊りは、子ども時代を思い出させて、みんなの人生の最初の一歩を導いてくれたのよ。なん百年にもわたって、アトの人たちはこの音楽を聞いて楽しんできたの。

この善良な巨人たちが、いつ生まれたのか、はっきりわからないけど、一番古い記録は、十六世紀までさかのぼるわ。巨人たちは、アトの町の一番年上の子どもだということは確かなことよ。彼らは、一番大きいし、私たち人間よりずっと長生きなんですもの。

4 ワーヴルの巨人たちの復活と誕生（四月二十三日）

Géants ressuscités et géants nouveau-nés de Wavre

――さっきも言ったように、姿を消して何年も行方不明だった巨人が、また姿をあらわしたり、これまで巨人なんか誰も知らなかった町に、住みついた巨人もいるのよ。たとえば、ワーヴルやティルルモン（ティーネン）やトゥルネの町に、巨人があらわれたの。ワーヴルにジャンとアリスという巨人が姿をあらわしたのは、たしか一九二八年のことよ。ジャンとアリスは、どこから来たのかしら。

彼らの名づけ親たちは、どうやら十三世紀末に活躍したワーヴル領主の騎士ジャンのことを考えていたらしいの。死期がせまったことを知ったジャンは、後継者がいなかったので、妻のアリスと相談して、領地をジャン・ド・ブラバン公爵に譲ることにしたの。その時、ジャンが公爵にお願いしたのは、これまで自分に仕えてきた忠実な臣下に自由と特別な権利を与えることだったの。

この善良な騎士ジャン・ド・ワーヴルの思い出は人々の心に残っていたので、ほかのベルギーの町に伝えられる巨人の祭りをワーヴルにも作ろうとしたときに、まず最初にジャンとアリスの名前があがったそうなの。

5 ❦ トゥルネの巨人パレードの誕生（一九三三年九月二十四日）

le groupe des géants de Tournai

——トゥルネの町にも、巨人が登場するお祭りはなかったの。なにしろトゥルネは「五つの鐘楼（Cheonq Clotiers）」のある王さまの町だから、いろんな歴史や伝承にあふれていて、巨人がいなくてもいいと思っていたのね。けれども、祭りに巨人が登場すると、たちまち大歓迎されて、すぐに受け入れられて祭りには欠かせないということになったの。

トゥルネ：ルイ十八世を従えた巨人〈赤いジャケットのサラゴス〉

　トゥルネのパレードに最初に登場するのは、キルデリク王（Childeric）よ。みんなも知っているでしょ。キルデリク王は、五世紀にトゥルネで亡くなったフランク族の王さまで、とても慕われていたのよ。トゥルネの人たちは、王さまの墓まで見つけて、その歴史の正しさを証明したの。だから、トゥルネの町の歴史を語るうえでも、巨人のキルデリクはとても大切なの。五世紀までさかのぼるような古い栄光の歴史をもつ町は、それほど多くはないのよ。

みんなもトゥルネに行ったことがあるから、グランプラスのクリスチーヌ・ド・ラレン（Christine de Lalaing）の銅像を覚えているでしょ。

トゥルネ：巨人〈エスピノワの女王クリスチーヌ〉

トゥルネの巨人パレードの先頭を飾るのは、この女性よ。彼女は軍服姿の女性で、斧を手にして兵士を率いている様子なの。クリスチーヌはエスピノワの王女で、一五八四年にトゥルネの町がアレグザンドル・ファルネーズの軍に包囲された時に、町を救ったのよ。

このお話が正しいかどうかは分からないけれど、トゥルネの人たちがこの話を誇りに思っていることは確かね。その証拠には、クリスチーヌが鉄の鎧をつけて、手にしっかりと斧を握ってパレードの先頭に立っているのよ。

この良い王女は、この町が再び包囲されることがあっても、町のために駆けつけるのよ。もっとも、いまでは城壁が撤去されてしまったから、包囲なんてありえない話だけれどね。

トゥルネの人たちが、その華やかな歴史のエピソードの中から三番目に選んだ巨人はルイ十四世なのよ。太陽王のルイ十四世は、一六六七年にスペインの手から町を解放してくれたの。町は、その時ルイ十四世の華やかな入城を記念して、毎年その解放を祝うのよ。ルイ十四世は、立派なカツラと王冠をつけて、羽飾りをつけた廷臣に囲まれて、ファンファーレとともに登場するの。そして、マドモワゼル・ヴィクトワールが平和なアトの町を象徴するように、微笑みをたたえたトゥルネ王妃が、見事な毛皮のマントをつけて現れて、この町の繁栄を表すの。背が高く、背筋が伸びて、威厳のある王妃が姿をあらわすと、観衆は彼女めがけて殺到するのよ。

これで、トゥルネの歴史上の人物のパレードの主役は出そろったわね。あとはルイ十八世がいるんだけど、これはフランスの王さまではないのよ。昔、トゥルネの人たちがお遊びでからかった相手なの。どうにもならない小男で、瀬戸物の修理をしながら職探しをしていて、長年パレードに顔を出すうちに、みんなに知られるようになったというわけ。この小男をヒョロヒョロの巨人にしたてて、民族衣装をまとわせて時代遅れの帽子をかぶせたの。

お祭り見物にきた観衆たちには、立派な巨人だけじゃなくて、その反対の出し物も楽しみなのね。

昔から続くそのタイプは、「緑のショール（Chale vert）」と「赤いジャケット（Collet rouge）」ね。昔は、男はケープ、女はショールと決まっていたのよ。若い子のはケープもショールも緑だけど、施設の老人たちは赤のジャケットだったの。

トゥルネ：〈緑のショール〉と〈赤いジャケット〉に囲まれた巨人たち

やっぱり昔の話で、塔の下に捨てられていたアレクシス・サラゴスという孤児が、子どもたちにからかわれて一生を終わったけれど、それがパレードのヒーローになったの。亡くなった後に、赤いジャケットをつけてトゥルネの巨人たちの仲間入りしたのよ。

たくさんの巨人たちの家族は、まだまだ増え続けそうな気配ね。というのは、キルデリク王と一緒に出発した戦士たちや、ギルドの親方たちを従えた町の指導者とか、堂々とトゥルネに入城を果たしたルイ十四世とか、護衛の「赤白の制服」を身につけた小姓にかこまれたトゥルネ王妃とかが、次々と登場するんですもの。

6 ハッセルトのランゲマン

Don Christophe, dit le Langeman à Hasselt

――昔から、誰でも素晴らしいパレードの楽しい演出が好きでしょう。町のみんなが俳優になったり観客になったりして、パレードのスペクタクルに参加するの。フォークロアは、みんなの気持ちの生き生きとした表現だし、キリスト教や民間伝承やリクリエーションがどんなに大切かを思い出させてくれるわ。

巨人は、地域の伝説や言い伝えから生まれた世俗的な人たちよ。町の人たちは、すぐにその役割を理解して、巨人たちを町の守り神にするのよ。

巨人たちは、町の大切なセレモニーにすべて登場するの。巨人のいないお祭りなんて、お祭りとはいえないわ。

この大きな人形は、私たちが忘れかけた記憶をよみがえらせてくれるし、巨人のおかげで、むかし耳にした物語がとつぜん目の前に姿をあらわすのよ。みんなの記憶が、一つになるのね。

七年に一度、ハッセルト町で行われるヴィル

ハッセルト：〈ランゲマン〉と呼ばれる巨人ドン・クリストフ

ガ・ジェス（Virga Jesse／イエズスの枝）のパレードのことは、何度も話したわよね。このパレードの時は、町には特別な飾りつけがされるのよ。

このお祭りにつきものの豆のスープを覚えているわね。

――ええ、覚えてるわ、マミー！　ノートル・ダム礼拝堂の前で、大きなお鍋いっぱいに豆とラードのスープを作って町の貧しい人たちに配るんでしょ。

――その通りよ。私の話をしっかり聞いていたのね。そして、この豆のスープを、ハッセルトの巨人のランゲマンと呼ばれるドン・クリストフの前で配るの。ランゲマンは、行進はせず、山車に乗って移動するベルギーでただ一つの巨人なのよ。

彼は、鉄の棒をもって、頭からつま先まで鉄の鎧で身をかためて、面貌をあげて、立派な髭をはやした顔を見せているの。

言い伝えによると、ドン・クリストフは三百年か四百年まえの豊かな領主で、とても気前がよかったそうよ。それで、戦争の後に飢饉がやってきた時に、貧しい人たちに食べ物を配ったんだって。きっと、その思いやりに報いるために、ドン・クリストフの前で豆のスープの配給をすることにしたんだと思うわ。

ランゲマンみたいに、お供のいない巨人はめずらしいわね。たいていは、トゥルネやアトのように夫婦二人が登場するけど、ブリュッセルでは、メイブーンの日のミケとジャネクのカップルが、パパとママだけじゃなくてお祖父さんとお祖母さん、スルタンとスルターヌ、ピエールとプチ・ジャンとプチ・ミッシェル、ギュドュルとその夫のジャン・ド・ニヴェルという巨人の一族全部が勢ぞろいするのよ。

とにかく見ものよ！　お祭りやオメガングの日に、グランプラスで巨人のカドリル（四人組）がリゴドン（舞曲）を踊るのよ。素敵じゃない！

7 ナミュールの巨人ゴリアテとその家族

Géants de Namur

ナミュールにも巨人の家族がいるの。ゴリアテと奥さんと三人の子どもよ。ゴリアテは、アトの巨人と従弟《いとこ》だと思うけど、こちらには結婚式はないし、ダビデとの戦いもないのよ。こちらの巨人は聖書とは関係ないの。彼は大きな剣をさげているけど、ちょっとぎこちないのよね。衣装は十六世紀の領主さまの衣装というところね。ゴリアテ夫人は、三人の子どもを育てた立派なお母さんで、ご主人よりも背が高くて品がいいわ。白の襟飾りをつけておしゃれなの。

ベルギーでは、ナミュールの巨人が一番歴史が古くて、お祭りや、騎士の行進や、オメガングや、パレードの時に柳の枝で編んだ大きな人形が登場するフォークロアも、ここから始まったという話もあるけど、はっきりしないわ。

意地悪なゴリアテと勇敢な羊飼いダビデの伝説は、ほかの町にもあるけど、旧約聖書の意味はすっかり忘れられているわ。

8 ⚜ アントワープのドリュオン・アンティゴンとサルヴィウス・ブラボの伝説

La légende de Druon Antigon et de Salvius Brabo

もちろん、みんなは素晴らしいアントワープの港を知っているわね。アントワープは商業の都よね。

――ええ、よく知ってるわ、ママー！　またアントワープへ行って、エスコ川（スヘルデ川）を行き来する大きな船を眺めてみたいわ。

――それは、お父さんとお母さんに相談してみて。

この町のフラマン語の名前は「アントウェルペン（Antwerpen）」だけれど、その語源は「手を＋投げる」という二つの言葉からできたって言われているのよ。ここに巨人が住んでいたころ、なかにドリュオン・アンティゴン

アントワープ：巨人ドリュオン・アンティゴンの手をエスコ川に投げるサルヴィウス・ブラボ

（Druon Antigon）という恐ろしいのが、エスコ川のほとりにいたのよ。

アンティゴンは、その恐ろしい力でこの国を支配し、国中を荒らしまわって、エスコ川を上ったり下ったりする船を邪魔していたんだって。

アンティゴンは大きくて、エスコ川の右岸と左岸に足をかけて立つことができたんだって。そして船がやってくると、すぐにそれをつかんで、船乗りたちに重い税を払わせたんだそうよ。

船乗りたちがアンティゴンを恐れて、お金を払えば通してくれたけど、払わないと情け容赦なく船を壊して、船乗りたちをつかまえて、右手を切り落として川に投げ込んでしまったんだって。

船乗りたちは、それが怖くてエスコ川に近づけず、商売はあがったりで、町はすっかりさびれてしまったのよ。

ドリュオン・アンティゴンのこの酷《ひど》い仕打ちを聞きつけた、サルヴィウス・ブラボ（Salvius Bravo）という近隣一帯を治める勇敢で正義感のつよい領主が戦いを挑み、神さまの助けでこの悪い巨人を倒したそうよ。

サルヴィウスは、ダビデのような投石器で武装して、敵が川辺に倒れこむと、その悪事を罰するために、手をきりおとして、エスコ川に投げ込んだのよ。

アントワープに行くと、グランプラスには素晴らしい噴水があるわよ。この噴水は、ジェフ・ランボーの傑作よ。ジェフはベルギーを代表する最高の彫刻家で、勝利したサルヴィウスが力を振りしぼって、アンティゴンの恐ろしい手をエスコ川に投げ込む姿を描いているわ。

9 メッヘレンの六人家族の巨人

——メッヘレンのパレードにも巨人の一族が勢ぞろいするわね。メッヘレンの巨人は全部で六人で、ナミュールみたいに三世代なの。古い文献によると、巨人は一四九二年生まれで、ずっと独身だったんだけど、五十歳の頃に結婚すると、グルートファダー（Grootvader／お祖父さん）が近くに引っ越してきたんだって。このグルートファダーは年取っているから、ハッセルトの巨人のランゲマンみたいに山車に乗って登場するのよ。

結婚した巨人には、女の子のミケ（Mieke）と男の子のヤネケ（Janneke）とクラーケ（Claeske）という、三人の子どもが生まれたの。この子どもたちは、お父さんやお母さんよりずっと小さいのよ。

巨人たちは、よく似た名前をもっているから、メッヘレンの巨人は、ブリュッセルやティーネン（ティルルモン）の巨人と間違えられることがあるけど、あなたたちは間違えないわ

ティーネン：ハーヘランドの農民姿の巨人ミーとヤン

よね。

メッヘレンの三人の子どもの巨人は、まだまだ子どもなのよ。この子たちには、転ばないように、刺繍のついた赤いベルベットのストラップが結びつけられていたのよ。だけど、それでも、やんちゃなミケ、クラーケ、ヤネケが跳ねまわるので、お母さんの手におえなくなって、カムニエールとシャンブルエールという養育係をやとうことにしたの。こんなに行き届いた家族は、ほかにないわね。メッヘレンの巨人の家庭は、幸せだという評判よ。

10 アントワープとメッヘレンのオプ・シニョルケとフープ・サーサ

L'histoire de Op Signorke et de Hoep Sasa

メッヘレンには、もう一人巨人がいるけど、その話のまえにオプ・シニョルケ（Op Signorke）というメッヘレンではとてもよく知られた人についての、とてもおもしろい話をするわね。

──マミーが、まえにフープ・サーサ（Hoep Sasa）について話してくれたけど、もしかして同じ人？

──まったく同じってわけではないのよ。だってフープ・サーサは、ヴィルヴォルドに住んでいるんですもの。でもこの二人についての伝承は同じなの。いつか友だちが聞かせてくれたフープ・サーサの話をするわね。

メッヘレンのオプ・シニョルケ

昔アントワープに、ドイツから来たハンスというとても腕のいい鉄砲職人がいたのよ。ハンスは、たしかに腕は確かだったけど、とにかく気が荒くて、しょっちゅう奥さんをぶっていたの。運のわるい奥さんは一言も言わなかったけれど、すぐに近所の噂になって、みんなが奥さんの見方になったの。だって奥さんは誰にでもとても優しかったから、みんなが同情したのよ。

そして、それを伝え聞いた町の判事が、ハンスの妻の不幸を終わらせるために領主のジャン公爵に訴えたの。町の法律では、夫が妻を殴ることは想定されていないので、ハンスを罰することが難しいと言ってね。

公爵は、法律は人を殴った者を罰することになっているではないかと答えたけれど、判事は「その罰金は、かなり重いので、女房は家計を救うために自分は殴られなかったと主張するに違いありません」と答えたの。そして「ご領主さま、私が考える唯一の方法は、犯人を嘲り笑い倒して恥をかかることです。それは体罰や罰金よりも有益なことがあります。公爵さまのご許可のもとに勅令をいただければ、妻に暴力をふるうような夫を公の場で辱め、そのような行いが罪だということを思い知らせることができるでしょう」と訴えたの。

公爵は、この処罰は悪くないと考えて、試してみる気になって、判事の言うとおりに署名したの。勅令は、たちまち鳴り物入りでアントワープの町中に布告されたのよ。

そしてその夕方、ハンスが大した理由もないのに奥さんを殴ろうとすると、その物音を聞きつけて近所の男たちが跳んできたの。ハンスは驚いたけど、近所の男たちはハンスに、公爵の命令にしたがって家からでるようにと丁重に命令したの。ハンスは、公爵が自分が納めた短剣と見事な剣に満足していると知っていたので、上機嫌で近所の人たちに従ったのよ。

自分の店がある波止場につくと、近所の男の一人が大きなシーツを取り出して、ほかの四人がその端をつかんで広げたの。「このシーツは、公爵が下さるのですから、あなたは公爵にお礼の言葉を申し上げなさい」そして、もう一人の男が「これは、あなたのためのものですよ」と言って、ハンスの肩をおして、シーツのなかに突き落としたの。

するとシーツの端をつかんでいた男たちが、ハンスが驚くうちに、ハンスを空中に放り上げて、からかったのよ。ハンスは、叫んだり、抗《あらが》ったり、もがいたりしたけど、無駄だったわ。シーツのなかを転げまわって、逃げることができないの。立ち上がろうとするたびに、二階の高さまで跳ね上げられるのよ。

近所の人たちがみんな集まってきて、この滑稽な見世物を見物して、ハンスをからかったわ。そしてハンスは、しまいには何が何だか分からなくなってしまったの。

「これからは、女房をなぐるような悪い亭主は、こういう目に合うんだ。これは、ジャン公爵様のご命令だぞ」

そしてハンスは、もう一度跳ね上げられて、お腹から落ちたの。近所の人たちの笑いや世間の噂話で、ハンスはますます恥ずかしい思いをすることになったのよ。

ハンスが、馬鹿なことを繰り返さなければ、これでものごとは丸くおさまり、処罰はただの脅しで終わっていたはずなのにね。

ところがハンスは、また同じことをして、また笑いものになるはめになったの。その時、シーツをもつ係の男の一人が、疲れてしまって、仲間にかわってもらおうとしたのよ。ところが、その男がシーツをつかみそこなったから、ハンスは頭から水に落ちてしまったの。

みんなはあわてて水から救い出したけど、手遅れでハンスは死んでしまったの。

まさかこんなことになろうとは思っていなかったので、近所のひとたちは、この知らせを判事に届けることを、とても躊躇《ためら》ったの。知らせを聞いた判事も、勅令が不始末に終わったことをジャン公爵に知らせなければならないから、悩んでしまったの。

ジャン公爵は、ハンスが評判の悪い男で、嫌われ者だと分かっていたから、仕方がないと考えたのよ。だから事件はお咎めなしということに落ち着いて、未亡人には見舞金を支給することにしたの。そして、今後は人ではなく人形を罰するように命じたの。人のかわりに、木彫の頭に、藤の胴体に布の衣装をつけた人形を処刑すること。夫が妻を殴ったという噂が流れた時は、近所の人たちがその家に押しかけて、人形に夫の仕事や地位が分かるような服装をさせて、たちの悪い夫をからかいながら投げ上げることにしたのよ。

どうやらこの方法が功を奏したらしくて、やがてアントワープの町からは評判の悪い夫婦は姿を消して、町の人たちはお祭りの時にしか人形を投げなくなったのよ。

——それじゃあ、マミー、どうして今でもメッヘレンにはオプ・シニョルケが残っているの？

——それはね、時が流れてフランドルがスペインに支配される時代になったとき、アントワープの人たちはスペインの傲慢な支配者と役人たちを軽蔑して、「シニョーレン（Signoren）」と呼んでいたの。ある日、その一人がみんなの前で奥さんに暴力をふるったので、町のみんなは昔の勅令を思い出して、人形にスペイン人の衣装を着せて、ドン・アントニオの屋敷の前で、「オプ・シニョルケ、オプ・シニョルケ」と掛け声をかけながら、放り上げたの。それから、その人形が人気者になって、アントワープの祭りに必ず登場することになったのよ。人形は、パレードの人気者で、あらゆる機会に陽気に跳ね回ったの。

でも、その時代にはアントワープとメッヘレンはライバルだったから、お互いに嘲《あざけ》りあって、揶揄《からか》いあって、ことあるごとに悪ふざけを繰り返していたの。

そしてある時、祭りのパレードの最中に登場したシニョルケを、メッヘレンの若者たちが突然奪って、戦利品としてメッヘレンに持ち帰ってしまったの。アントワープの人たちは、なんとかして人形を取り戻そうとしたけれど、うまくいかなかった。なぜって、シニョルケは三重の鍵のかかった金庫にかくされていて、年をとっていたし、ひどい状態だったので、外にでることは滅多になかったし、シニョルケを空中に放り投げるなんてとんでもないことだったのよ。

それでも、二十五年に一度だけ行われるハンスウイックのマリアさまのパレードや行列や、一世紀に二度だけ行われる聖ルモルド（Saint-Rumold）のパレードでは、昔の農民の格好をした大きな丸顔で笑顔のシニョルケが飛び跳ねる姿が見られたものよ。

――それじゃあマミー、フープ・サーサはどうしたの。

――そうね、よくおぼえていたわね。

ちょうど同じころ、ヴィルヴォルドに住む女性が、亭主の所属するギルドに、亭主が乱暴で、腕ずくで言うことときかせようとする、と訴えたの。亭主は、そういうことを続けると、処罰されると警告されたのよ。ところが、警告だけでは、なんの効果もなかったの。

そこで、アントワープの事件を知っていたギルドのメンバーは、一日に二回、人形を使って夫を揶揄《からか》うことにしたけど、それでも抵抗するので三日目からはフープ・サーサという人形に取り換えたの。そしたらヴィルヴォルドのギルドの家庭には争いがなくなったのよ。そして、ギルドには亭主だけじゃなくて奥さんもギルドのメンバーになることにしたの。

――それで、巨人たちがパレードに出てきたり、結婚したりするときに、カップルで登場するのね。マミーは、もうアトの双頭の鷲とメッヘレンのオプ・シニョルケのお話をしてくれたよね。

巨人の世界にも、いろんな話があるのね！

——そうね、いろんな話があるわね。このパレードも、仮装行列も、オメガングも、みんな十六世紀か十七世紀に始まったことを忘れないでね。この時期は、私たちの祖先のあいだに、華やかな祝祭をもとめる嗜好があらわれて、町全体をお芝居が変えてしまうような街頭のスペクタクルや演出が生まれたのよ。

グランプラスのような公共の広場には壮麗な凱旋門がたてられ、建物のファサードには美しいタピスリーが飾られて、通りには花が散りばめられ、十字路には演壇がもうけられて、豪華なパレードにふさわしい古代の伝説や、聖書の物語にちなんだ絵巻が次々と繰り広げられたのよ。

11 不思議な動物たちのパレード

——そしていろんなスペクタクルが生まれたの。ある時は、王さまの入城で、ファンファーレで歓迎しなければならなかったし、ある時は「ランジュウィール（landjuweel）」だったり、お互いに招きあうレトリックの部屋の山車の競争だったり、一番見事な入場や登場人物が一番多いパレードに立派な賞を与えたりしたのね。

年ごとのパレードや地域のお祭りには、みんなが出てみたいと思う仮装行列がつきものだったのよ。

こうして、お祭りのパレードには、奇妙な獣や、象徴的な山車や、遠くの国の動物の数がふえていったの。当時は、大航海時代で、探検家たちがアメリカやアフリカやアジアから、みんなをビックリさせるような未知の鳥や、巨大な獣や、未開人を連れて帰ってきたのよ。まさに驚異の連続だったと思うわ。

だからメッヘレンのパレードには戦艦やラクダやシュヴァル・バイヤールという魔法の馬が登場するのよ。シュヴァル・バイヤールについては、また後で話すわね。

——もう一つ素敵なお話をしてくれるの、マミー？

——そうよ、マリー＝ジャンヌ、もう一つよ！

ニヴェルでは、ラルガヨン（L'Argayon）とラルガヨンヌと小さな息子のロロが町に繰り出す時には、彼らの背丈にみあったライオンやラクダやドラゴンのメリーゴーランドがついてくるのを見逃さないでね。昔は、もっとたくさんあったみたいよ。

ナミュールのパレードではゴリアテとその家族の後に、彼らと同じくらいの大きさのペルコ（Percot）というムーズ川の魚が続くし、アトのパレードにもシュヴァル・バイヤールがいたと言われているけど、いまは双頭の鷲が子どもに引かれているだけ。鷲を本物らしく見せるために黒い布の羽を貼り合わせているの。

双頭の鷲は、魚屋のギルドのシンボルだったから、鷲を引くのはこのギルドのメンバーの子どもの役目なの。

12 エイモンの四人の息子とシュヴァル・バイヤールの伝説

La légende des Quatre Fils Aymon et du Cheval Bayard

——いろんな町をまわって、昔の祭りや今の祭りのパレードに登場する、巨人やそのお供の姿をみてきたわね。あちこちのパレードに、伝説の怪獣が登場して、主役を引き立てていたわね。

——マミー、シュヴァル・バイヤールはどうしたの？

——シュヴァル・バイヤールは、そんな獣や動物のなかで一番素敵な動物ね。いろんなお話のなかに登場するから、だれでも知っているのよ。

これは、マミーのママが話してくれたお話よ。

ずっと昔、フランスの王さまシャルルマーニュの妹と結婚したエイモンというとても勇敢だけど気性の激しい騎士がいたの。エイモンには、アラールとギシャール、リシャールとルノーという四人の息子がいたのよ。息子たちは四人とも王さまの宮廷に出仕して、その強さと勇気で有名だったの。ところが不幸なことに、ある日、ルノーが王さまの甥とチェスをしていて争いとなって、甥をチェス盤で殴って殺してしまったの。王さまは、すごく怒って、ルノーは兄弟たちと逃

リール：エイモンの４人の息子を乗せたシュヴァル・バイヤール

げなければ命がないってことになったの。
そこから、長い逃亡生活が始まるのよ。四人兄弟は、まずアルデンヌのモンテッソ城に逃げたけど、王さまは大軍を率いて城を包囲する。しかし、城はすごい要塞で、兄弟は王さまの攻撃に抵抗しつづけるの。でも、もう抗しきれないという時がきて、つよい絆でむすばれた四人は城を脱出したの。彼らが森や山を抜けて、王さまの追手から逃れることができたのは、従兄の魔法使いモージスとその忠実な馬、偉大なシュヴァル・バイヤールのおかげよ。シュヴァル・バイヤールは、四人兄弟を一度に背中にのせて特別な力を発揮することができたのよ。
ある日、王さまの兵士たちが逃亡する四人兄弟の足跡をたどって、兄弟をムーズ川のほとりまで追いつめたの。ムーズ川の水は満々とみなぎって、浅瀬を渡ることはとてもできなかったの。どうすればいいのか、追手は刻一刻と迫ってくる。
その時、シュヴァル・バイヤールは、ひらりと跳んだの。そして、たった一跳びで川を渡ってしまったの。だけど、向こう岸に上る時は、さすがにヒラリと着地というわけにはいかなくて、岸辺の岩をまっ二つに踏み砕いてしまったの。

でも王さまのシャルルマーニュは、とうとうルノーと名馬をつかまえることに成功したのよ。シャルルマーニュは、ルノーにエルサレムの主イエズスの墓に巡礼するように命じたわ。聖地から戻ったルノーは、遠い町に行って、教会を建てる石工として働いたという話よ。やがてルノーが亡くなると、奇跡が起こったんだって。

名馬バイヤールの方は、あやうくシャルルマーニュの手で溺れさせられそうになったけど、うまくアルデンヌの深い森に逃げのびたそうよ。だから、森の木こりたちは、いまでもバイヤールのいななきを聞くことがあるんだって。

エイモンの四人の息子とシュヴァル・バイヤールについても、まだまだ続きがあって、たくさんの話が生まれたの。四人を主人公にした劇が上演されたり、彼らがもっていた城跡のツアーをしたり、ディナン（Dinant）のバイヤールの渡しに行って、岩に登って名馬の蹄のあとを確かめたり、いろいろあるのよ。

祭りのパレードのなかに、籐の枝で編んだ名馬バイヤールが、小さな男の子が演じるエイモンの四人の息子を乗せて登場しても不思議はないわね。

13 ジャン・ド・ニヴェルと犬

Jean de Nivelles et son chien

――みんなも聞いたことがあると思うけど、自分の持ち場を離れることができなくて、決してパレードに参加することができない、ジャン・ド・ニヴェルという、とっても変わった巨人がいるのよ。

確かに、ブリュッセルのパレードにはジャン・ド・ニヴェルという巨人が登場するけど、（大きな声では言えないけれど）それは本物じゃないのよ。（ブリュッセルの人たちには黙っていてね。）

本物のジャン・ド・ニヴェルは、名前にDがついて、ジャン・ド・ニヴェル（Djean de Nivelles）っていうの。塔に住んでいて、ワロン語の詩や、有名なシャンソンや、みんなが知ってることわざの英雄なの。

――マミー、私も知ってるわ。「来てほしい時に、いなくなってしまう人」のことでしょ。あいつは、ジャン・ド・ニヴェルの犬みたいなやつだ。「おいで」と呼ぶと、行っちまうんだ、ってね。

――そのとおりよ、マリー＝ジャンヌ。本当のジャン・ド・ニヴェルは「ジャックマール」なのよね。ジャックマールってなにか、誰か教えてちょうだい。

――ぼくが教えてあげるよ、マミー。

ジャックマールは、鐘楼を守る自動人形でしょ。ふつうは鉄でできていて、時間になると鐘楼

ニヴェル：ジャン・ド・ニヴェル

から出てきて、鐘を打つんだよね。

――その通りね、ジャン＝クロード。昔は、教会の塔とかベフロワを大きな時計で飾ることが好まれて、傑作が多かったわ。時間だけじゃなくて、日や月や年や季節、天体の動きなんかも読み取れることがあったのよ。もう少し後になると、例えばストラスブールなんかでは、鐘楼に人形パレードが見られるようになったのよね。

いつかパパとママに頼んでリールに連れて行ってもらうといいわ。リールには、ベルギーの天才時計職人のルイ・ジメール（Louis Zimmer）が昔（一九三〇年に）作った天体時計があるのよ。この時計は科学と忍耐力の結晶よ。

そしてニヴェルのジャックマールは、ジャン・ド・ニヴェルよ。この時計は、一四六八年にシャルル突進公（Charles le Téméraire）が町に贈ったものなのよ。このジャン・ド・ニヴェルは、この時代の人だけど、歴史上の有名人なんかじゃなくて、楽しい伝説がいっぱいの人気者なの。

昔ルイ十一世の時代（一四六一－一四八三）に、モンモランシーに一人の領主がいて、王さまに忠誠をつくしていたの。彼には、二人の息子がいて、その息子の一人がジャン・ド・ニヴェルだったらしいの。ジャン・ド・ニヴェルは、ある日父親のもとを逃れて、ブルゴーニュ公の宮廷に身を寄せたの。

父親はこの行いをルイ十一世に対する裏切りだと考えたから、一生懸命息子を連れもどそうとしたけど無駄だった。そこで父親は、ジャンを「犬」と呼んで、勘当したの。

悪気のないニヴェルの人たちは、この話を聞くと、ずっとジャンと呼ばれていた鐘つき男のジャックマールが、モンモランシー公の息子のジャンのことだと信じたの。町の人たちは、息子のジャンに忠実な犬を与えたから、ジャンはワロン地方のフォークロアの人気者になったのよ。ワロン地方のジャン・ド・ニヴェルとシャチェは、フランドル地方のティル・オイレンシュピーゲルと同じように、愉快ないたずら好きで、暴君をからかって反撃する人たちの心のなかに住んでいるわ。

Voici ce que vous venez de lire

Ⅶ　おわりに

1 ❦ ベルギーの豊かなフォークロアと民間伝承と習俗

——それじゃあマミー、フォークロアには、お祭りと、移動遊園地と、人形芝居と巨人のパレードしかないいんだね。

——そうじゃないのよ、ジャン＝クロード。

私がみんなに話したのは、いちばん華やかで、目につきやすくて、決まった時期に行われて、だれもが楽しみにして待っているフォークロアよ。

✲フォークロアとは何か

私たちの身のまわりには、そのほかにも、いろんな出来事や、言い伝えや、習慣や、民間信仰とか、気になることがいっぱいあるの。フォークロア（民俗学）は、私たちの周りの人々の暮らしのなかから不思議なことを見つけて、その謎を解こうとするのよ。私には、その謎解きが、とても楽しいの。

✲俗信（迷信）

たとえば、私たちの周りには、人間や動物や植物や石についての奇妙な迷信がたくさんあるでしょ。なにか意味がありそうな夢や、なにか警告を発しているような夢を見ると、その意味を知りたいと思うでしょ。子どもが生まれた時とか、結婚する時とかに、それぞれの家族に昔からの仕来たりがあって、それには何か理由があるかもしれないのよ。

それぞれの職業についても同じようなことがあるわ。

＊民間信仰

先週、ラベス通りの鍛冶屋さんの仕事場の片隅の、馬の蹄鉄と鞴《ふいご》の間に聖エロワ（Saint-Eloi）の小さな像があって、二本のローソクに火が灯っていたのを見たでしょ。それは、昔からのことで、私は彼のお父さんが同じことをしているのを見たことがあるわ。小さい頃の冬の夜には、鍛冶屋のバルナベお爺さんの家に行って、お爺さんがまっ赤な鉄の棒をハンマーでたたくと火花が飛び散るのを見物したものよ。

鍛冶屋の守護聖人：聖エロワ

＊民間医療

あちこちの地方の暮らしのなかに生きている諺や言い伝えは、昔からの経験に基づいているから、今でも役にたつことが少なくないわ。たとえば野原や森の薬草だって、まったく効能がないというわけではないのよ。「ボヌファム（善い女・魔女）」の治療法だって、胡散臭《うさんくさ》いと思われがちだけど、よく効くこともあるのよ。

学校教育のおかげで知識がゆきわたる以前の人たちは、すべての自然現象の中に、なにか隠れた力が働いていると考えていたの。土や火や水や空気（四元素）のなかに閉じ込められたエスプリ（精霊）や魔術に対する信仰があったのね。おかげで、たくさんの詩的でドラマティックな伝説が生まれたり、今はもうなくなった夜なべ仕事の集まりで、仲間同士でたくさんの昔話を語り合ったりしたのよ。

2 ❦ 夜の集い（la veillée）と民間伝承

Les jeux de la veillée

暖炉のまわりに集まって、節約するために灯りもつけなかった。お互いを照らしだすためには、暖炉の薪の光で十分だったの。そこで年寄りたちが、子どものころにお爺さんやお婆さんに聞いた話を語ったのよ。もし誰かが、身体のどこかが痛いと言えば、誰かがその特効薬の作り方を伝授したの。

昔の人は、歯が痛い時にどんな治療をしたと思う？

夜の集いの語り

耳の穴にニンニクを一かけらいれるのよ、ただし、痛みのある歯と反対側の耳の穴に入れなきゃだめなの。

鼻血がとまらない時は、どうするか？　その時は、薬指をひもで縛るの。リウマチの時は、野生の栗をポケットにいつでも入れて持ち歩くの。火傷をしたら、小さな瓶にバターを入れて、祈願行列（Rogations）の二日目にはそのバターを打って、一年中食べるの。

子どもの髪を長く伸ばしたい時には、残月の時に髪の端を切ればいいし、その反対に夫の髪が薄くなったら、マルメロの種を漬けた酢で、頭皮をマッサージするように夫に勧めること。

子どもが百日咳にかかったら、子どものベッドの下に白い皿に液状のアスファルトを入れて置くこと。そして最後に、もしシャックリが止まらない時は、コップ一杯の水に包丁の刃をひたしてから、飲むのがいいのよ。

こういうのが、おしゃべり好きな女性たちが、夜なべ仕事のあいまに交わした情報交換よ。そういう話を聞いて笑う人なんかいなかったの。みんな耳をそばだてて聞いていたの。

なにかあった時は、大変だったからね。当時は、お医者さんなんて、よほどのことがなければ来てくれなかったし、手遅れになることも多かったわ。季節ごとに、森や野原に行って薬草茶

（ハーブティー）や湿布薬のもとを準備したのよ。村や町には、薬草売りの行商も時々やってきたから、そういう時は小さな包みを買いおいて、箪笥に入れて、下着に淡い匂いが染みつくようにしたの。

こうして一日の情報交換が終わると、話がとだえて、薪の火がよわくなると、誰かが火ばさみで火を掻きたてる。そして暖炉いっぱいに炎が燃え上がる。

すると誰かが「サラマンドルが通ったわ」っていうの。なぜって、サラマンドル（伝説のトカゲ）は身を焦がすことなく炎の中を通り抜けることができると信じられていたからね。

つぎにもう一人が、身を乗りだして、もう一度暖炉のなかに赤い燃えさしの薪を放りこんで、「ピエロ・ヴィ・コ！（Pierrot vi Co）」って呪文を唱えながら火を吹いて、となりの人に回すの。となりの人は、同じように、そっと薪に息を吹きかけて炎をかきたてると、自分も「ピエロ・ヴィ・コ！」と唱えてからもう一人の人に、なお赤くくすぶる小さな燃えさしを渡すの。その人は、その燃えさしが消えるのを見とどけてから、「ピエロは死んだ（Pierrot est mort）」と言うの。このささやかな遊びは、どこでも行われていたわ。

むかし年とった叔母さんがグラモンに住んでいて、私は冬になると何日かそこに遊びに行くことになっていたの。叔母さんは、長いマッチに火をつけて、炎を上げて煙るマッチに、さっと息を吹きかけて消して「テジルケンレフト（t Zielken left）」と唱えたの。それは「魂は去った」という意味なのよ。叔母さんの次は、私が火に息を吹きかける番だったけど、上手にできなかったの。

なぜって、火の小さな魂を消すのは可哀そうだったのよ。
昔の夜の集いはとても楽しかったわよ。いつも眠る時間がくるのが早すぎると感じていたの。とくにママがホットワインやチェリー・ブランデーを作ってくれた、寒い晩には特別だったわ！

3 年中行事とアルマナック（民間の暦）：ソラマメの王さまと公現祭と枝の主日と復活祭

——季節が変わるたびに決まった祭りがあるのは、みんながその季節の仕事を仕上げたり、暦どおりに季節の行事を進めるという、昔からの伝統を思い出させるためね！

1989年版のアルマナック

昔の古い暦（アルマナック／almanach）を広げてみれば、私たちのフォークロアの豊かさがよく分かるわ。私は、この前の朝に、屋根裏部屋のワードローブの奥で昔の暦を見つけたのよ。それは、マチュー・ランスベルグ（Mathieu Laensberg）の作ったリエージュの暦（アルマナック）よ。

こんど、みんなに見せて上げましょうね。この細やかな失われた時間の目撃者は、みんなに楽しいことをいっぱい教えてくれるでしょう。

一年の初めの日（元旦）には、家族がお互いに訪問しあうことに決まっていたのよ。訪問（年始回り）には順序があって、子どもたちには贈り物（お年玉）を上げることのように、決まった仕来たりがあったの。

郵便配達員や、街灯の管理人、町の清掃員の年始回りも受けたのよ。一月一日は、特別な寛大さを示す日で、暦は毎年同じで、年によって変わることはほとんどなかったの。

1989年版のアルマナックに描かれた王さまの日の食卓

一年の暦のなかでも、私たちが一番楽しみにしていたのは「王さまの日（Jour des Rois）」よ。みんなが集まって、いつもの日よりおいしい夕食を食べた後に、ママがソラマメが一粒だけ入った「王さまのケーキ」を大切そうに運んでくるの。切り分けられたケーキのなかから、ソラマメを見つけた人が、王さまに選ばれて、その晩はずっと王さまとして家族を統治するの。
王さまの命令には、みんなが従わなければならず、王さまがお酒を飲むときには、「王さまがお酒を召し上がる、王さまがお酒を召し上がる！」って大きな声で叫ばなければいけないのよ。みんなが、王さまの宮廷で果たす役割が決められていて、そのためにクジを引くのよ。

クジは丁寧に折りたたんで籠のなかに入っているの。そのクジによって、王妃さまになったり、宮廷人になったり、お酌《しゃく》係りになったり、医者になったりするの。道化に選ばれると、鈴のついた杖を渡されて、みんなから揶揄《からか》われるけど、復讐することもできたのよ。もし誰かが王さまと一緒にお酒を飲み忘れたら、道化はその人の鼻とほっぺたを、火で焦がした棒で黒く塗ることができたの。

楽しい王さまの日の晩には、みんなにクジで当たった役を演じさせて、揶揄《からか》って笑わせることができたの。それがとっても面白かったのよ。

✻公現祭（エピファニー）のお祝い

家族のお祭りは、まだまだあって、東方の三博士が幼子のキリストに黄金と乳香と没薬《もつやく》を捧げる一月六日の公現祭のことも、忘れることができないわ。

田舎の村でも、少年たちが金紙で作った星を棒の先につけて歩き、主の誕生を祝うためにベツレヘムの厩まで長い旅を重ねた者たちの嘆きの歌を歌ったのよ。

クルトレのスターリマン(Sterreman)で、クリスマスの夕刻に古い民謡を歌いながら家々を回る人たち

レオー（Léau / Zoutleeuw）では、子どもたちは東方の三博士の仮装をして、赤い砂糖大根をくりぬいて二つの穴をあけたランタンにローソクを立てた明かりを手にして、夕方になると、通りを歩いて、家の前に並んで、「王たちの夕べ」という歌を歌うの。

「Op een Drijkoningen avond…（王さまの夜に）」

そうすると、家の人たちが、子どもたちにお小遣いを少しあげるの。

✲聖週間と復活祭

お祭りはたくさんあるけど、少しとばして、復活祭の話をしましょう。復活祭には、たくさんのフォークロアがあるのよ。

聖木曜日には、肉屋に行ったらだめよ。店には何もない、と肉屋はいうでしょう。どこの肉屋も同じよ。牛たちは飾りをつけているし、町のあちこちには花が飾られ、地面には細かい砂が敷かれるのよ。この日は、最後の晩餐を記念する祝日ですもの。

数日前のキリストがエルサレムに入城した枝の主日（日曜日）には、ツゲの枝が祝福されたわね。前にも話したけれど、フーハルデンでは、子どもたちだけが教会に行って、ツゲの枝の祝福を受けるの。

夜明けと同時に、子どもたちが錫箔と色とりどりの布で飾られたバトンの先に緑の枝をかざして行進するの。それから子どもたちは、十二使徒兄弟団に行って、一緒にミサに参列するのよ。

教会に集まった子どもたちは、百人、いや二百人いるかしら。手にした枝をゆすって、司祭さんが通ると精一杯手を伸ばして、枝がしっかり祝福を受けられるようにするの。それから、子どもたちは十二使徒兄弟団の後に従ってパレードに参列するの。十二使徒兄弟団の人たちは、エルサレム入城の時と同じように、ロバに乗ったキリスト像の神輿《みこし》を肩に担いでいるのよ。

4 フォークロアの多様性

これまで、復活祭や聖霊降臨、昇天祭などのパレードや巡礼のお話をしてきたけれど、そのほかにも、まだまだたくさんの素敵なお祭りや民俗行事があるのよ。

夏は、麦の刈り入れや、果物の収穫や蜂蜜集めの季節だから、その都度、みんなでお祭りや遊びや行事を楽しむの。

アルデンヌ地方（ルクセンブルグ国境）からカンピヌ地方（オランダ国境）まで、砂丘地帯から森林地帯まで、ボリナージュ地方の鉱夫からゴーム地方（Gaume）の木こりまで、アントワープの船乗りとオーステンデの漁師からリエージュの行商女やサンブル＝ムーズ地方の木靴職人まで、いろいろな地方の職業のフォークロアも面白いわよ。地方ごとにパンの作り方も違うし、ミルクの搾り方も違うのよ。なぜ石工が家を建てるとき、棟上げの前に、緑の草を飾るのか知りたいでしょ。

こういう些細《ささい》なことが、大切な意味をもっているのよ。それは、些細な名もない人たちの人生の証《あか》しだし、私たちのうちに生きている過去の証しよ。だから私たちは、その古くからの習わしに忠実でなければならないし、その火を絶やしてはいけないのよ。

5 聖ニコラウスの祝日とクリスマス *Saint-Nicolas et Noël*

✻サン・ニコラ

――マミー、暦の話はまだ終わっていないんでしょ。もうちょっと続けてください。一年の真ん中でとまっちゃいやだよ！

――そうね、ジャン＝クロード、みんな十二月の祭りがお待ちかねよね。私たちの国のサン・ニコラ（聖ニコラウス／サンタクロース）の祝日やクリスマスには、子どもたちが楽しみにしている出来事がたくさんあるものね。

サン・ニコラの伝説は、みんなも知っているわね。サン・ニコラは十二月六日の夜に、ロバに乗ってやってきて、鞭打ちおじさん（Père Fouettard）がお供しているのよね。サン・ニコラは、よい子にはオモチャやオレンジやチョコレートをプレゼントしてくれる。

サン・ニコラは優しいから、めったにそういうことはないけど、どうしようもない悪い子に

17世紀オランダの画家ヤン・ステーンが描いたサン・ニコラ祭の光景

は、茨のムチがプレゼントされることもあるのよね。サン・ニコラの祝日の前の晩には、暖炉の煙突の中にキャベツの葉と、美味しそうなニンジン、そしてジャガイモの皮を入れた籠を用意するのを忘れちゃだめよ。ロバが大好きな食べ物だからね。ロバはキャンディーやベルギー名物のお菓子をたくさん運んできてくれるんですからね。マジパンで作った果物や野菜、ブドウの房やムーズ川の魚や城塞やバイヤール岩の形をしたディナンの名物ビスケット（couques de Dinant）、ヴェルヴィエ名物のシナモン・ビスケット、蜂蜜の味がするブリュージュのクッキー「モック（moques de Bruges）」、それから美味しいスペキュロスもあるわね。みんな、十二月のお菓子の定番よ。

――そうね、マミー、最高よ！

そして、サン・ニコラに感謝するために、小さい頃にマミーが教えてくれたあの歌を歌うのよね。

子どもたちの味方、すてきなサン・ニコラ
籠のなかに、美味しいお菓子をいっぱいちょうだい！

✽クリスマス

――そして、一年を締めくくるのはクリスマスね。クリスマス・ツリー（モミの木）とイエズスさまが生まれた厩のまわりに家族が集う素晴らしいお祭りね。

クリスマスの準備は、かなり前から始まるわ。まず花飾りを作って、金紙で星をつくるでしょ。それから小さなローソクを用意してベネチアン・グラスのランタンに灯して、綿の雪をかけるの。

クリスマスの晩のクーヌー

自然の森から伐ってきたモミの木が、素晴らしい「クリスマスツリー（sapin de Noël）」に変わって見違えるように美しくなるの。クリスマスの夜は、この木のまわりで、踊ったり、歌ったり、笑ったりして過ごすのよ。

――マミー、クリスマスの晩には、サン・ニコラの祝日にまけないくらい、ご馳走をいっぱい食べるってことを忘れないでね。そして翌朝には大きな「クーヌー（cougnou）」をもらったよね。クーヌーは、小さなイエズスを飾ったブリオッシュで、砂糖がまぶしてあったり、テラコッタの小さな人形がのっていたりするんだよ

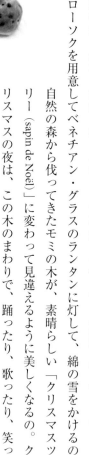

ね。

——クーヌーを忘れたつもりはないわ。クーヌーは、フラマン語の地方では「トーテマンネン（totemannen）」と呼ばれていると思うの。少なくともレオー（Léau / Zoutleeuw）では、そう呼ばれていたわ。

パン屋さんで、各家庭ごとに五個ずつ買うのよ。クーヌーの大きさはまちまちよ。男たちがカフェでトランプをする時には、その日は「クルンスペル（krunspel）」というゲームをするのよ。これは五人でプレーするゲームで、最初に五ゲーム勝ったプレイヤーが一番大きな「トーテマン（toteman）」をもらうの。そしてゲームを続けて、五ゲーム勝つごとにトーテマンをもらって、やっと最後に勝った人が一番小さいのを取るの。

——そして最後に、「とっておきのパン（pain gardé）」というアルデンヌのフォークロアのお話をするわね。これは、私たちのフォークロアによく見られるように、人間の考えと神の考えを見事に一つに結ぶのよ。

6 ⚜ ヴィエルサルムのクリスマスのパン

Le pain gardé à Vielsalm

アルデンヌを流れるサルム川のほとりのヴィエルサルム（Vielsalm）では、クリスマスの前の晩に、すべての家が、それぞれの家庭の事情に応じて、窓辺に貧しい人たちのためのパンを置くのよ。夜の闇が貧しい人たちを守って、クリスマスの夜に飢えに苦しむ人がないようにね。

しかし、誰も手を出さず、窓辺に一晩中残されたパンは「神に守られたとっておきのパン（pain gardé）」だから、時がくるまで誰も触れてはいけないの。

翌朝、この残されたパンはその家の人たちに食べられて、パンくずは慎重に集められるの。そのパンくずはニワトリに与えたり、ガチョウや豚のような家畜の餌にまぜてあげるの。

こうして、まもなく終わる年とともに、心と身体の地上の糧《かて》であるパンが、豊かな人と貧しい人、動物と人間を、一つの感謝の思いで繋ぐのよ。

《解説》ベルギーの祭りと暦

樋口 淳

1．ベルギーの歴史と地理

本書でお婆さん（マミー）が、ジャン＝クロード、マリー＝ジャンヌ、ニネットという三人の孫たちに語るベルギーのお祭りの民俗は、祭りの道行き（祭礼・パレード）、巡礼、兵士のパレード、受難劇、人形芝居、巨人のパレードとテーマごとに分かれていますが、暦の上でも、地理の上でも多岐にわたります。

ことに私たち日本人に分かりづらいのは、フランドルとワロンに分かれた地域の言葉と地名です。

私たちの住む日本のほぼ十分の一の空間（三〇六九〇平方キロ）に、およそ十分の一の人たち（一一六〇万人）が暮らすベルギーは、人口密度が日本とほぼ同じですから、さぞ押し合いへし合いの国だろうと思いがちですが、とにかく平らな国で広々としています。その平野に、時にはローマ時代から続く古い町（都市）が点在し、街道や運河で繋がれ、近郊には農村と森が広がっているのです。

この都市と農村がベルギー王国という統一国家になったのは一八三九年で、ずいぶん遅れているように見えますが、日本が明治維新を迎えたのは一八六七年、イタリア王国がローマを併合して現在の形を整えたのは一八七〇年、ドイツがドイツ帝国となって統一を果たしたのは一八七一年で、ヨーロッパの近代国家（Nation State）成立は十九世紀に集中しています。

　しかし、この国がフランドル（ゲルマン語圏）とワロン（ロマン語圏）という二つの文化圏に分かれたのは、ユリウス・カエサルのガリア遠征にまでさかのぼります。紀元前五一年にガリア遠征が終わり、ライン川の西がローマ文化圏に組み入れられた後も、ローマ軍とゲルマン人の戦いは続き、四世紀の民族大移動をきっかけに北フランスのブローニュとドイツのケルンを結ぶローマの軍用道路が、最初のフランドル（ゲルマン）とワロン（ローマ軍）の境界になったと言われています。

フランドル（黄色）とワロン（ピンク）の二地域に分かれたベルギー十州

　しかしその後の四六六年に（トゥルネで生まれた）クローヴィス一世が、四八六年のソワソンの戦いを皮切りにフランス全土での戦いに勝利してメロヴィング朝フランスの基礎を築きます。そしてこのメロヴィング朝は七五一年にシャルルマーニュ

〈カール大帝〉の父ピピン三世によって倒され、カロリング朝の時代が始まります。シャルルマーニュは、八〇〇年に現在のドイツ、フランス、イタリアにまたがる神聖ローマ帝国の皇帝となりますが、実はリエージュ近郊のエルスタル（Herstal）の生まれです。

そしてこのシャルルマーニュの死後の八四三年のヴェルダン条約によって、神聖ローマ帝国が息子たちの間で三分割されると、その緩衝地帯としてフランドル伯爵領が形成されます。本書でも、フランドル伯のティエリ・ダルザス（一〇九九－一一〇六八）が聖地からキリストの聖なる血を持ち帰ったことから〈ブリュージュの聖なる血のパレード〉が始まったと語られていましたね。

その後、英仏百年戦争の時代にフランス・ブルゴーニュ家の支配のもとにブリュージュ〈ブルッヘ〉やガン〈ヘント〉が繁栄を誇り、さらに時代の下った神聖ローマ帝国最盛期の〈ヘント生まれの〉カール五世〈スペイン王・カルロス一世〉と息子のフェリペ二世の時代には、スペインの支配のもとに新大陸から流入した銀の力を駆使してアントワープが繁栄を誇ることになりました。

アントワープ繁栄の歴史は十七世紀にオランダとイギリスが東インド会社を設立し、スペインの海上覇権を奪うとともに停滞期を迎えますが、クローヴィス、シャルルマーニュ、カール五世という三人のヨーロッパの覇者が、いずれも現在のベルギー出身であったことは、古代・中世を通じて、この国がヨーロッパを二分するゲルマン文化（フランドルの文化）とラテン文化（ワロンの文化）の統合点であり分岐点であったこと、そして現在も歴史と文化の一体性を保っていることの証しであると思われます。

一八三九年のベルギー王国の成立から、私たちが留学した一九六九年頃までは、このフランドル文化とワロン文化は共存していて、私たちの通うルーヴァン大学でもフラマン語とワロン語が併用されていましたし、フランス語（ワロン語）しか分からない私たちも日常生活に困ることはなく、一九七二年には大学を卒業し無事に博士課程に進学することができました。

しかしルーヴァンの町がフランドル文化圏であるとされたために、大学のワロン語セクションは一九六八年にワロン語地域のオッティニー移転が決まり、新しい大学町の建設も徐々に進んでいたようです。

古い大学図書館の隣に住み、町中に点在する修道院の鐘の音とともに生活してきた私たちにとっては残念なことですが、厳しい言語境界線が引かれ、二つの文化圏が引き裂かれた現在ではしかたのないことでしょう。しかし、その意味で私たちは本書で語られるお婆さん（マミー）の語る一九四〇年代ベルギーのおおらかなフォークロアの最後の体験者になるのかもしれません。

もちろんベルギーの人たちは昔とかわらず、自分たちの文化に誇りを持ち、自分たちの町や村の祭りや伝説を大切にしていますから、日本語や英語しか分からない旅人や観光客を歓迎してくれるはずですが、祭りの名前や地域の聖人の名前、特に地名は複雑です。

そこで、本書では、できる限りフラマン語とワロン語で、地名と人名、祭りの名前と聖人名などを表記することにしました。多少こまった時には、グーグルなどの検索エンジンに記入すれば、詳しい情報を得られると思います。幸い、現在は観光ブームということもあり、小さな村も観光情報を発信していますし、インターネットで祭りの情報を手にいれることができます。スマホの翻訳機能も進化しつつあります。

2. ベルギーの祭りと暦

✻春をむかえる祭り

ベルギーは北国です。地球儀をまわしてみると、ブリュッセルやブリュージュは北緯約五一度、択捉島《えとろふ》よりずっと北に位置していることがわかります。もちろん海流や季節風の影響もあり、気候や風土は緯度だけで決まるわけではありません。最近は気候変動でずいぶん暖かくなりましたが、ブリュッセルの十二月の日の出は八時半、日没は四時半で、冬の夜が長い北国の人たちの春を待つ思いは、私たちが感じるよりもはるかに強いようです。

ベルギーはカトリックの国ですから、祭りはキリスト教会の祭事暦（典礼）にしたがって行なわれます。そして、祭りのなかには、毎年きまった日に行われる祭りと、年によってちがった日に祝われる移動祝日とがあります。

厳しく長い冬のあいだに行なわれる祭りの中心は、クリスマスと復活祭という二つの祭りです。

クリスマスは、いうまでもなく毎年きまって十二月の二十五日に行なわれるキリストの誕生を祝う祭りです。けれども、キリストの誕生日は聖書にはっきり書かれているわけではありませんから、この日を降誕祭と定めるまでには曲折がありました。たとえば、ローマの暦にあわせて一月一日としようとしたり、一月六日としたこともありました。現在では、一月六日は、〈東方の三博士がキリストの生まれた厩《うまや》を訪れた〉という公現祭の祝日とされています。

クリスマスからこの公現祭までは「十二日」とよばれます。新しい年をむかえるこの時期は、季節の変わり目であり、他界から精霊たちの訪れる特別な時でしたから、人びとは糸を紡いだり、厩の掃除をしたり、洗濯をしたりすることをタブーとして禁じ、訪れる精霊たちを驚かさないように気をつかいました。

イギリスでは、この期間をシェイクスピアの劇で知られるように「十二夜」ともよびます。この期間に森に入ることも危険で、日が暮れてからは「呪われた狩人」に出会うと言われましたりしました。

クリスマスにモミの木を立てることは、あまり古い習慣ではありません。けれども、クリスマスが近づくと森から木を伐りだして、三日も燃えつづけるような大きな薪を用意することは、昔から行われていました。家族がみんなこの木のまわりに集まり、一年の幸せや健康を祈ったのです。昔は、この木に牛乳や蜂蜜や、時には葡萄酒をそそぐこともあったそうです。かまどや暖炉が姿を消しつつある都会では、もうこんな祭りは忘れられつつありますが、いまでも「ビュッシュ（薪）」という木のかたちをしたクリスマス・ケーキがイヴの食卓を飾ることは日本でも知られていますね。

フリードリッヒ・ハイネの「呪われた狩人」

クリスマスのケーキ〈ビュッシュ(buche)〉

クリスマスが、冬至の時期とほぼ一致することは、多くの民俗研究者によって指摘されてきました。冬至は、一年のあいだ働きつづけた古い太陽が死をむかえ、新しい小さな太陽が生命を得て輝きはじめる日です。この時期をキリストの降誕祭に選んだことは、たいへん意味深いことのように思われます。冬のさなかに生まれた太陽と神の子の小さな生命が、厳しい寒さと戦いながら育まれてゆく。そんな希望を人びとに与えそうな気がします。

ローマ時代にも、インドに起源をもつ「光と太陽の神ミトラの祭り」が冬至の日に祝われていました。北国のゲルマンの人たちのあいだでも、この日は「ユルの祭り」とされ、祖霊のために盛んに火がたかれたと言われています。すこしまえのイギリスでも、クリスマスにたく大きな薪《まき》のことを「ユル・ログ」とよんだそうです。北欧のスウェーデンやフィンランドなどでは、いまでもサンタクロースのかわりに「ユル・トムテ」という小人がやってきます。

ユルの祭りは、冬至のほかに夏至にも行なわれました。カトリック教会の典礼でも、夏至は「聖ヨハネ祭」とされ、やはり森から木をきりだして大きな火をたく習慣があります。一年に二度、太陽が盛んに燃え上がったり、新しい生命を受け継いだりする節目の日に、特別の火をたいて、その働きを励まし、豊かな実りや大地の再生を祈ったのでしょう。日本でも、冬のさなかの一月十四日の小正月にドンド焼きをして正月の飾りを焼いたり、一年の健康を祈ったりしますね。また、夏至に近いころ神輿をかついだり、松明をたいたりして村をまわる「虫おくり」のときにも大きな火をたくことがあります。洋の東西を問わず、冬至と夏至に火をたく祭りがあるのは、ふしぎな気がします。

京都の五山送り火

さて、このクリスマスの祭りのサイクルが終わると、すぐに復活祭を迎える準備がはじまります。復活祭は、ゴルゴダの丘でキリストが十字架にかけられて死に、三日後によみがえったことを記念する祭りです。旧約聖書以来の伝統にしたがい、太陰暦の要素をとり入れて日取りを決定する移動祝日で、毎年春分の日のあとの満月の次の日曜日に祝われることになっています。キリスト教の一年の祝祭のなかで最初にきめられた、歴史の古い祭りです。この日を起点として四旬節、キリスト昇天祭、聖霊降臨祭などのそのほかの大切な祭りの日取りも決定されますが、なかでも私たち日本人によく知られているのはカーニバルでしょう。(移動祝日の決定のしくみはすこし複雑なので、手元の一九八九年の民間暦・アルマナックに従って巻末に主な祭りの日取りをあげておきます。）

復活祭の準備のために信徒たちは主イエズス・キリストの苦しみを思って、四十日のあいだ肉食をたち、生活をつつしみます。この期間は「四旬節」とよばれます。この四旬節の始まる前日の「脂の火曜日（マルディ・グラ）」を中心に御馳走をたらふくつめこむ祭りが、カーニバルなのです。

カーニバルの期間は地方によってさまざまです。すでに一月六日の公現祭をすぎたころから、人びとは仮面をつけて悪戯をしてまわったり、他人の家におしかけて酒や肴をねだったりする独特の悪ふざけをはじめる町や村もあります。しかし、祭りが絶頂に達するのは復活祭の五十日前の日曜日と、それにつづく月曜、火曜（カーニバルの三日間）であるのがふつうです。この期間には、仮面のほかにも、男たちが女の扮装をしてねりあるいたり、藁でカーニバルの王様をつくって行列して馬鹿さわぎをしたりします。そしてこの藁人形は祭りの終わりとともに焼かれたり、川に流されたりしたのです。

この愉快なカーニバルと慎み深い四旬節の対立の情景は、ブリューゲルの有名な「カーニバルと四旬節の戦い」に象徴的に描かれています。この絵の前景では、まるまると太ったカーニバルの代表が大きな酒樽のうえにのり、青白い四旬節の代表にむかって焼肉の串をつきだしています。その背後には市がたち、人びとは食べ、飲み、歌い、愛を語っています。これに対して四旬節の代表は、断食中の食べ物であるやせた鰊《にしん》を二匹つきだし、背後には教会にむかい、施しをしながら主の復活にそなえる敬虔な人びとが描かれています。

ブリューゲルの「カーニバルと四旬節の戦い」

四旬節によって象徴される長く厳しい冬を前に、人びとは大いに飲みかつ騒ぎ、扮装して男と女の垣根をとりはらい、日常生活の秩序をおもいきりぶちこわします。そして、祭りの終わりには藁人形を燃やしたりして穢《けが》れをはらい、敬虔な気分でキリストの死と苦しみをおもう断食の生活に入ってゆくのです。

やがて長い冬は終わりをつげ、豊かな春がやってきます。聖金曜日に十字架につき死の苦しみに耐えたキリストが三日後の日曜日によみがえり、春の喜びが現実的なものとなるのです。

＊五月の祭り

ベルギーの五月は、美しい季節です。梨やりんごなどの花がさきみだれ、森にはスズランやスミレの香りがただよいます。けれども、この季節に突然訪れる寒さは、作物をおそい、収穫をだいなしにしてしまうこともあります。五月の祭りは、大地と緑のよみがえりを祝うと同時に、クリスマス、復活祭とつづいた春迎えの祭りのサイクルをしめくくり、冬の寒さと決定的に別れをつげる意味があるのです。

五月にも、もちろん毎年日取りの決まった祭りと移動祝日とがあります。

移動祝日には、復活祭から四十日目の木曜日に行なわれる「キリスト昇天祭」、五十日目の日曜日の「聖霊降臨祭」が大きな祝日で、キリスト昇天祭には、ブリュージュの聖なる血のパレード、聖霊降臨祭には、ハンスウイックの聖母マリア祭、アンデルレヒトの聖ギドン祭、ジェルピーヌの聖ロランドの祭り、エコシヌの菓子祭りと恋人さがしなど、楽しい祭りやパレードが集中しますね。

しかし、こうした多少なりともキリスト教的な祭りのほかに、まったく教会の関知しない祭りもあります。たとえば、五月一日の前夜に若者たちが森に入り、五月の木を伐ってくる行事がこれです。ブリュッセルの町の広場に木を立てる〈メイブーン〉は、かつて各地にみられたこの民俗の名残りです。

五月の一日は、いまでこそ「メイ・デイ」であり労働者の祭典ですが、古代のケルト人たちのあいだでは「バルティナ」あるいは「ケートハブン」とよばれる祭りでした。ケルト人たちは、一年を暖季（夏）と寒季（冬）のふたつにわけ、暖季を

ドイツのブロッケン山に集まった魔女たちのサバト

むかえるこの日を、寒季の訪れる十一月一日の「サアオイン」あるいは「ハロウマス」の祭りとともに、季節の変わり目の祭りとして大切にしていたといわれます。そして、この祭りの前夜は、とくにゲルマン系の人びとのあいだで「ワルプルギスの夜」とよばれ、ドイツなどでは魔女たちがサバトをひらき跋扈《ばっこ》すると伝えられていました。

十一月一日の前夜がやはりイギリスなどで「ハロウィーン」と呼ばれて、悪霊の訪れる夜と信じられていたことと考えあわせると、この伝承はたいへん興味ぶかく思われます。ことにハロウマスは、「異教時代の北ヨーロッパの農民にとって、山野を彷徨する祖先の霊を寒くなるまえにわが家の炉端に迎える日であり、放牧中の牛をわが家に連れ戻す日であった」といわれています。

季節の変わり目に訪れる魔女や悪霊というおそろしい超自然的な存在も、キリスト教のいきわたる以前には、もしかすると死者の霊（祖霊）であったかもしれません。村や町を訪れた死者たちの霊は、きちんと祀られる場合には家や共同体を守る大切な神となりますが、帰る家がないと、おそろしい悪霊となって祟りをもたらすという信仰が未開社会には多くみられます。現在のキリスト教の典礼でも、十一月一日と二日は「万聖節」と「万霊節」で、ともに死者を祀る日です。

もしこうした仮説が正しいとすれば、その祖霊の訪れる夜に伐った木を五月一日に町や村の広場にたてることは、祖霊を共同体の中心にむかえ入れることで、たいへん意味深いことだといえるでしょう。日本でも、私たちは正月に門松をたてますが、かつてはこれも山から松の木を伐ってきて家に迎えたものでした。この松こそ祖霊のやどる木であり、家々に新しい年の幸をもたらすものだったのです。

万聖節に火をたくポーランドの墓地

五月の木を村の広場にたて、それをかこんで若者たちが宴をひらき、ダンスやロンドをおどることは、すこし唐突な比較のようですが、日本の盆踊りともよく似ています。いまでこそ、盆踊りは町内会の年中行事で、老人と子供のほか見向きもしませんが、かつては若い男女が心おきなく心を開き、愛を語りあうことのできる数すくない機会でした。盆が、日本人にとっては一つの季節の変わり目であったことや、正月と同じく祖霊の帰ってくる大切な機会であったことも、興味ぶかい事実です。昔の盆踊りは、よく笠をかぶったり、手ぬぐいで顔を隠したりして町や村をながして歩いたものですが、これも「踊り手が帰ってきた祖霊（死者）を演じているのだ」という指摘がよくなされました。いまでも、越中八尾の「風の盆」などにはこの風習がよく残されています。また海辺の地方で、「盆に海にでると船幽霊にであう」といって漁をつつしむように、この季節に多くの怪談が語られることも、ハロウィーンやワルプルギスの夜とよく似ています。

このように五月の木を「祖霊を迎える木」と考えるのは、もちろん一つの仮説です。ヨーロッパでも、フレイザーのような十九世紀のすぐれた人類学者たちは、もっとちがった見方をしていました。彼らは「古代の人々は、樹木の精霊にたいするふかい信仰をもち、そこに農作物や果実を実らせる力の根源があると信じていた」と推測したのです。五月の木を広場にたてる祭りには、そうした豊かな実りの力をもたらす樹木の精霊を町や村に迎え入れるという大切な意味があります。

越中八尾の風の盆

モンスのデュカスにも登場する樹木の精霊（グリーン・マン／hommes de Feuilles）は、フレイザーのこうした考えを「五月の木」よりも、もっと直接的に表現しているといってよいでしょう。ドイツをはじめ北ヨーロッパに多い民俗ですが、ベルギーだけで

現在のモンスのデュカスに登場するグリーンマン

なくフランスでもニヴェルネやアルザスの各地にみられます。上の写真にみられるように、頭からすっぽりと本の葉や苔で覆われた若者が、五月の一日か、最初の日曜日のあたりに村の家々をまわって喜捨をあつめ、豊かな実りが訪れるよう祝福をあたえて歩くのです。

✽パレードの聖遺物の神輿と山車

このような非キリスト数的な祭りにたいして、昇天祭、聖霊降臨祭、町や村の聖地を巡る巡礼などは、教会の典礼のうえで定められた祭りですが、やはり農耕や牧畜にかかわる農民や町の繁栄を願う人々の素朴な願いを映し出しています。

とくに、こうした類似のなかでも最も興味ぶかいのは、豊穣祈願のパレード（道行き）です。豊穣祈願のパレードは、その起源は異教時代のものであっても、今はまぎれもないキリスト教の祭りです。教会から出発した行列が司祭を先頭にして、畑や牧草地の間をゆっくり行進し、道ばたの礼拝堂や町や村の境で立ち止まり、祝福して歩くのです。

このパレードで大切に思われるのは、畑や牧場に豊かな実りを保証するのが、

畑道を行く豊穣祈願のパレード

畑の中の小さなチャペルで祈る子どもたち

「五月の木」のように森から伐りだされた若木や、そこにやどる樹木の精霊だけではないということです。道中で、際限もなくくり返される連祷や聖歌に耳をかたむけるのは、まぎれもなくキリスト教のいう「神」なのです。

　けれどもこの神は、いかに神学が全能説や偏在説でとりつくろっても、天にただ一人いるだけのきわめて遠い存在で、直接にすべての信徒の祈りに答えることはできません。代わって祈りに答え、祝福をあたえるのは、いわば神の代理人であり仲介者である司祭です。しかし、それではあまりに形式的で、神の肉声にはほど遠いような気がします。そこで、神の介在をもっと現実的なものとし、祈りの効力を保証する仕掛けが必要になります。その代表が、「聖遺物」をおさめた聖櫃ではないでしょうか。

　「聖遺物」というのは、キリストや聖人たちの遺品です。髪や骨や歯や着物の一部など古びた気持ちの悪いものばかりで、現代では理解しがたい信仰のようですが、中世期にはつよい信頼をあつめ、ことに教会を建造するうえではなくてはならないものでした。たとえばパリのクリュニー美術館が所蔵する十五世紀に描かれた「聖グレゴリウスのミサ」の図には、ミサの最中にあらわれたキリストの背後に、キリストの汗をふいたというヴエロニカの布、手足を十字架にとめた釘、うたれた鞭など「尊い」聖遺物が一式描きこまれ、当時のフェティシズム（物神崇拝）のありようをとどめています。こうした信仰は、一般にヨーロッパ独自のもので私たちには縁遠いとされていますが、日本でも寺の建立にあたって、各地の寺院で仏舎利のような「聖遺物の仏教版」が納められるのですから、発想は似ています。それに、聖遺物を納めた金ぴかの箱は、どこか日本の祭りの神輿《みこし》を思わせます。

聖グレゴリウスのミサ

日本の神輿は、町や村の祭りに際して、海や山や森から訪れた神をのせて、人びとの暮らしを直接に見てもらい、商売の繁盛や田畑の豊かな実りを願うための「神の乗り物」です。

フランスの豊穣祈願のパレードでも、日本の祭りとおなじように、旗や十字架に導かれて聖遺物がやってくると、人々はなぜか直接に神がやってきたような敬虔な気持ちにおそわれるのではないでしょうか。この金色の箱のなかには、神輿や山車

畑の中を行く豊穣祈願のパレード

に御神体がおさめられているように、何か神と直接にコンタクトした名残り（遺物）が納められているのです。それは、神そのものではありませんが、やはり神の存在を具体化し、身近にする仕掛けなのだと思います。

これは小さなことですが、神輿が町や村をめぐる途中に、疲れて道ばたの「お旅所」という中継点で一休みするのも、豊穣祈願の道行きが野原の十字架や礼拝堂や村境で一服するのと似ています。

豊穣祈願のパレードには、聖遺物のほかにもさまざまな仕掛けが登場します。聖遺物だけが、神の存在を保証するものではありません。日ごろは教会の奥にひっそりとしまわれている聖像や、美しく飾られた十字架や旗や聖水や香も、神の臨在をアピールし、祈りや祝福にかけがえのない効力を与えます。また、そこには森から伐ってきた緑の枝や香ばしい花も彩りをそえています。「森の王」も「樹木の精霊」も、耕作地の祝福のために一役かっているのです。そこには、さまざまの信仰と仕掛けが、時代や立場をこえて集まり、重なり会って、一つの祭りをつくく

聖水によって祝福を与える司祭

りあげている姿がみられます。
豊穣祈願のパレードにみられる、こうした文化の重層性をはっきりと示すのは、祭りの人的な構成です。そこには、大きくわけて「教会」と「民衆」という二つのちがったタイプの集団がかかわっているといっていいでしょう。そして、このかかわり方も、農村と都市ではかなり異《こと》なります。
まず「教会」というのは、本書でも司教、司祭、参事会員、修道士などという形で登場する人びとの集団です。農村の場合は、たいがい一つの教会と教区からできていて、一人の司祭がこれを守り、せいぜいそれを助ける助祭や下男がいる程度です。これにたいして都市には、たくさんの教会があります。ことに大都市には、教区の教会や司祭を統括する司教区があり、司教と司教座教会（カテドラル）のもとに、補佐の司祭や助祭で構成される参事会があります。そして多くの司祭が、町中に点在する教会の信者たちを指導したり、刑務所や病院や孤児院や老人ホームなどの施設の世話をしているのです。
都市には、このほかに修道会があります。修道会の人びとは、原則として町の生活と世俗的な交渉をもたず、独立した生活をおくっています。司教をはじめ教会の組織とは不可分の関係を保っていますが、時には司教の言葉すら拒否するほど強い自立性をもっています。

都市の豊穣（繁栄）を祈るパレードには、教会関係者だけでも、これほど地位や生活のちがう人たちが参加するのですから大変です。それに、祭りのなかでは、日ごろの地位や力関係とはまったく別の力学が働きます。たとえば、司教は大変偉いのですが、必ずしも祭りの主役になれるとはかぎりません。また、列に参加する出し物も、大きな教会だからといってよい物が出せるとはかぎらないのです。たとえ司教区のなかではとるに足らない教会でも、由緒や伝説によって、祭りに欠かせない宝をもっていることがあります。

祭りを構成するもう一つの大切な集団は「民衆」です。農村の祭りの場合にも近隣の村だけではなく、遠くの町からも巡礼の人々が集まりますが、基本的には祭りの主体は地域の農民や教会の司祭によって構成されていますから組織は簡単です。これにたいして、都市にはさまざまの職業と階層の人たちが生活しています。この人びとの祭りへの参加形態は複雑で、幾つもの集団がたがいに助けあい、反発しあいながら、祭りをとり行なうことになります。

まず、都市の祭りの「民衆」を代表するのは、なんといっても職業集団＝ギルドです。今日でもベルギーのブリュージュ、ガン（ヘント）、アントワープ、トゥルネ、モンスのように古くから栄えた町を訪れると、町の中央には市庁舎と教会とギルド・ハウスがそびえています。そこには、かつて織物職人、武器職人、皮革職人、石工、肉屋などさまざまの職人たちが居《きょ》をかまえ、町の経済や政治に大きな力をふるっていたのです。彼らは、それぞれ旗や紋章や守護の聖人をいただいていましたから、祭りはその威力を示す絶好の機会でした。

祭りを構成する二つ目の「民衆」集団は、男女の年齢集団です。農村の豊穣祈願でも、美しい歌声をひびかせて聖歌をうたって歩くのは、教会の少年合唱団でした。しかし、なかでも祭りで大活躍するのは若者たちです。藤《ふじ》づるで作ったドラゴンや巨人のなかに入って町中をねり歩いたり、ドラゴンにつきそって走りまわったり、鼓笛隊で祭りを盛り上げたたりします。

こうして、異なった年齢集団がそれぞれ祭りの役割をはたす仕組みは、そろいの法被で若者たちが主役を演ずる私たちの国の祭りでも、よく知られています。

祭りを構成する三つ目の「民衆」集団は、信心会です。もとのフランス語は Confrérie ですから「兄弟会」ともいわれます。日本の祭りのなかで重要な役割をはたす講とも大変よく似ているので、「講」「講社」などと訳すこともあります。その起源や性格はさまざまで、本書にも「マリアの子供」「乙女マリアの娘」「聖ロマン」「ロザリオ」など聖母や聖人や特定の信仰に捧げられたもっともらしい信心会から、植木職人、執達吏、農民など職業にもとづく信心会、バンシュの「ソシエテ」などというジルを演じることだけを楽しみにしている信心会まで、いろいろ登場します。こうした民衆のあいだの信心会組織は、とかく閉ざされがちであった中世以来のヨーロッパ社会で、地域や階級をこえた生きいきとした人間関係をつくるうえで大切な役割を果たしてきたのですが、残念ながらまだ実態が十分にはわかっていません。ただいえることは、信心会の人たちが祭りが大好きで、積極的にパレードを組織し、豊穣祈願のパレードでも重要な構成メンバーであったということです。

これらのギルドや若者組や信心会の人びとにとって、祭りは晴れの舞台であればあるほど、たがいに競いあう葛藤の場でもありました。豊穣祈願の行列でも、それぞれが美しく着飾り、紋章入りの旗や聖像やドラゴンをおしたてて、勢力を争ったのです。この競争の激しさは、講や社中が、それぞれ神輿や山車を出してぶつかり合う神田の三社祭り、京都の祇園祭り、博多の祇園山笠などを思いおこせば、容易に想像がつくのではないかと思います。こうした激しいぶつかり合いと、そこに生まれる一瞬のカオスのなかで、人びとは解け合い、ゆるし合い、また新しい秩序をつくりあげていったのでしょう。

	5月14日	イーペルの猫祭り
	5月21日	(三位一体の祝日)：モンスのリュムソン
	5月21日	テュアンの聖ロックの行進
	5月15日	(聖霊降臨祭の月曜日)：ハンスウイックの聖母マリア祭
	5月15日	アンデルレヒトの聖ギドン祭
	5月15日	ジェルピーヌの聖ロランドのパレード
	5月15日	エコシヌの菓子祭りと恋人さがし
	5月21日	ルネ（ロンス）の聖エルメスの行進
	5月28日	ヴァルクールの聖母マリアの行進
6月	6月11日	トゥルネの巨人の祭り
	6月24日	サバトなどの精霊や魔女の祭り
7月	7月 2日	ポペリンゲ（poperinge）の聖母マリアの行進
	7月 6日	ブリュッセルのオメガング
	7月23日	ジュメの踊るパレード
	7月30日	フルネの改悛者のパレード
8月	8月15日	聖母マリアの被昇天の ハッセルトのヴィルガ・ジェス
	8月15日と 22日	ハッセルトの 巨人ランゲマンのパレード
	8月26日(土)	アトのグイヤス夫妻の結婚
	8月27日(日)	アトの巨人パレード
9月	9月24日	トゥルネの巨人パレード
	9月25日(日)	フォスの聖フェイアン祭
10月	10月 1日	ニヴェルの聖ゲルトルードの行進
	10月31日	ハロウィーン
11月	11月 1日	万聖節
	11月 2日	万霊節
	11月 5日	モンテギュのロウソク祭り
	11月11日	聖マルティヌスの祭り（冬の始まり）
12月	12月 6日	サン・ニコラ
	12月 7日(木)	アルロンの恋人さがし
	12月25日	降誕祭・クリスマス

3. 1989年のアルマナック（民間暦）に見るベルギーの祭り

ベルギーの祭りの多くはカトリックの典礼に従うので、年ごとに変わります。そこで手元の民間暦（アルマナック）を参考にして、1989年の祭りのカレンダーを再現してみましょう。

1月	1月 6日	公現祭：ソラマメの王さま
2月	2月14日	カーニバルの月曜日：オイペンのローゼンモンタグ
	2月15日	カーニバルの火曜日：バンシュのカーニバルとジル
		カーニバルの火曜日：マルメディのカーニバル
		カーニバルの火曜日：ナミュールの竹馬祭り
	2月15日(水)	灰の水曜日
	2月19日(日)	アルロンの四旬節の「ソラマメの王さま」
	2月26日	グラモン（ヘラールツベルゲン／Geraardsbergen）の「クラケリンゲン」
3月	3月19日	ヒューガルデンのキリストのエルサレム入城パレード（枝の主日）
	3月24日	聖金曜日（キリストが十字架につけられた日）
	3月26日	復活祭（キリスト復活の祝日）
	3月27日	レンベークの聖ヴェロンのパレード聖ヴェロンの行進
	3月28日	ハーケンドーフェルの救い主キリストの行進
4月	4月30日	ハンスウイックの聖母の行進
5月	5月 1日	ブリュッセルの五月の木・メイブーン
	5月 1日	リュソンの聖エヴェルマーの受難劇
	5月 4日	（キリスト昇天祭）：ブリュージュの聖なる血のパレード

ハッセルト　Hasselt
ハンスウイック　Hanswijk
バンシュ　Binche
ビエムレ　Biesmeree
フォワ=ノートルダム　Foy-Notre-Dame
フォス　Fosse
フーハルデン　Hoegaarden
ブラスカート　Brasschaat
ブリュージュ　Bruges / Brugge
ブリュッセル　Bruxelles
ブレーヌ=ル=コント　Braine-le-Comte
フルネ　Furnes / Veurne
フロレンヌ　Florenne
ヘルローデ　Gelrode
ボリナージュ　Borinage
マルシネル　Marcinelle
マルメディ　Malmédy
メッヘレン　Mechelen / Malines
モンス　Mons
モンテギュ　Montaigu / Scherpenheuvel
ユックル　Uccle
リエージュ　Liège
リュソン　Russon
リール　Lierre
リンブルグ　Limboug
ルー　Roux
ルーヴァン　Louvain / Leuven
ルネ　Renaix / Ronse
レオー　Léau / Zoutleeuw
レンベーク　Lembecq
ロケレン　Lokeren
ロボルスト　Rooborst
ロッブ　Lobbes
ワーヴル　Wavre
ワーム　Wasmes

4. ベルギーの地図と地名

本書はフランス語で書かれていますので、地名表記は多くの場合フランス語ですが、ところどころにフラマン語（オランダ語）の地名も登場します。そこで次にベルギーの地図を示し、地名を原文にしたがって整理しました。この地名をグーグルなどの検索エンジンで検索すると、現在の祭りの情報が得られる可能性があります。

アウデナールデ　Audenarde
アウデベルクの丘　Oudenberg
アト　Ath
アーフリゲム　Affligem
アルセンベルク　Alsemberg
アールスコット　Aarschot
アロスト　Alost / Aalst
アルロン　Arlon
アンジヌ　Hanzinne
アンデンヌ　Andenne
アンデルレヒト　Anderlecht
アントワープ　Antwerpen / Anvers
イーゼルマネク　Yzermanneke
イーペル　Ypres
イミエ村　Hymiée
イヴ=ゴムゼ　Yves Gomezée
ヴァドモン　Wademont
ヴァトリポン　Wattripont
ヴァルクール　Walcourt
ヴィエルサルム　Vielsalm
ヴィゼ　Visé / Wezet
ヴィルヴォルド　Vilvorde
ヴィルトン　Virton
ヴィレル=ポトリ　Villers-Poterie
ウェフェルヘム　Wevelgem
ヴェルヴィエ　Verviers
エコシヌ　Ecaussinnes
エーニュ　Heigne
オーステンデ　Oostende / Ostende
オイペン　Eupen
カンピヌ地方　Campine / Kempen
グラモン　Grammont / Geraardsbergen
クラベーク　Clabecq / Klabbeek
グリムデ村　Grimde
クルトレ　Courtrai / Kortrijk
ゴスリ　Gosselies
サン=ソヴァール　Saint-Sauveur
サン・ニコラ　Saint-Nicolas
サンブル=ムーズ地方　Entre-Sambre-et-Meuse
シャルルロワ　Charleroi
ジェルピーヌ　Gerpinne
シェルペンホイフェル　Scherpenheuvel
ジュメ　Jumet
ジュメ=ブリュロット　Jumet-Brulott
ズウェインドレヒト　Zwyndrecht
ソトヘム　Sottegem
ダイレ川　Dyle
タンクルモン　Tancremont
ティーゲム　Tiegem
ディースト　Diest
ディナン　Dinant
ティーネン　Tienen / Tirlemont
ティメオン　Thiméon
テュアン　Thuin
テュビーズ　Tubize / Tubeke
テラルフェーネ　Teralfene
トゥルネ　Tournai / Doornik
ドーソワ　Daussois
ナミュール　Namur
ニヴェル　Nivelles
ハーケンドーフェル　Hakendover
バストーニュ　Bastogne

【著者紹介】

アンリ・リブレヒト　Henri Liebrecht（1884-1955）

作家、詩人、文献学者、歴史家。1884年にイスタンブールで生まれ、1945年から55年までの10年間、王立フランス語フランス文学アカデミー会員をつとめた。1905年の戯曲「召使たちの学校」、詩集「絹の花」、1906年の詩劇「ボヘミアンの魂」をはじめとして、生涯にわたり多くの作品や評論を残した。また、ベルギーの有力紙「Le Soir」の文芸欄を担当するなど、ジャーナリズムや講演活動においても活発な活動を展開した。

【編訳者略歴】

樋口淳（ひぐち・あつし）

1968年に東京教育大学卒業後、ベルギー政府給費留学生としてルーヴァン大学に学び、1975年に帰国し専修大学に勤務。専修大学名誉教授。

著書に絵本『あかずきんちゃん』（ほるぷ出版・1992）、『民話の森の歩きかた』（春風社・2011）、『フランスをつくった王』（悠書館・2011）、『妖怪・神・異郷』（悠書館・2015）などがある。

樋口仁枝（ひぐち・ひとえ）

1966年に東京教育大学卒業後、ベルギー政府給費留学生としてルーヴァン大学に学び、1973年に帰国し、カリタス女子短期大学に勤務。

著書に絵本「ねむれるもりのびじょ」（世界文化社・1989）、『ジョルジュ・サンドへの旅』（いなほ書房・2005）、翻訳に『花たちのおしゃべり』（悠書館・2008）、『マルグリット・デュラスの食卓』（悠書館・2022）などがある。

民話の森叢書6　チョコレートのオマケにみる **ベルギーの祭りと暦**

発行日　2024年4月17日　初版第1刷発行

著者　アンリ・リブレヒト
編訳　樋口淳／樋口仁枝

装丁・組版　戸坂晴子

発行　民話の森
〒150-0047　東京都渋谷区神山町11-17-307
TEL 03-5790-9869 / 090-6037-4516

発売　株式会社国際文献社
〒162-0801　東京都新宿区山吹町358-5 アカデミーセンター
TEL 03-6824-9360

印刷・製本　株式会社国際文献社

　ISBN978-4-910603-28-5 C0039
定価はカバーに表示してあります